Titel der Originalausgabe:
Philosophie de la Relation. Poésie en étendue

Rohrbacherstraße 18, D-69115 Heidelberg
www.wunderhorn.de

Gestaltung und Satz: philotypen/Dortmund
Druck: NINO Druck GmbH, Neustadt/Weinstraße
ISBN 978-3-88423-661-1

MIX
Papier aus verantwortungsvollen Quellen
FSC® C006655

*Philosophie der Weltbeziehung**

Poesie der Weite

Édouard Glissant

Aus dem Französischen
übersetzt von Beate Thill.

WUNDERHORN

* Obwohl der deutsche Sozialphilosoph Hartmut Rosa den Begriff der Weltbeziehung anders definiert (s. *Weltbeziehungen im Zeitalter der Beschleunigung*), bleibe ich bei Weltbeziehung als Übersetzung für frz. Relation. Es handelt sich eher um eine Unterscheidung „in der Poetik", wie Glissant sagen würde, als um einen Gegensatz. Was Rosa unter Weltbeziehung versteht, bezeichnet Glissant nach dem Gebrauch im französischen Diskurs mit Imaginäres (Imaginaire). Im Übrigen ist interessant, dass Rosa zu sehr ähnlichen Schlüssen gelangt wie Glissant, zum Beispiel auch, was die Rolle der Poesie betrifft. B. T.

Für Pascal G.
an erster Stelle

STÜMPFE

I

Etwas hob an, ein heiliges Sprechen, so begann das Gedicht, es entstand aus sich selbst und wurde erkannt.

In dieser Weise wäre vielleicht der Anfang aller Literaturen der Welt in ihrer Urgeschichte auszudrücken. Dieser Beginn gibt einen dunklen Hinweis auf die *Intention* aller Sprachen, lange bevor die Geschichten mit ihrer schroffen Klarheit den Raum und die Echos der Stimmen auseinandertrieben. Es geschah vor aller Menschheit. Wucherndes Mannagras ballte sich zu zerfetzten Schwaden, die in Feuerschlünden umhertrieben, die Farben waren noch kaum unterschieden und die gemarterten Regenbögen Gebilde ohne Schein, die ringsum nach ihren Streifen verlangten. Was Ewigkeiten später auf den verdunkelten Wänden der Höhlen auftauchte, war nicht der trügerische Schatten einer Realität von außerhalb, es waren Zeichnungen einer Fusion von allem in allem: Die Menschengemeinschaften hatten ihre Unterschiede noch nicht durch blutige Amputationen abgetrennt: Was dort in den Fels ihrer Höhlen geritzt wurde, war nicht göttliche Handschrift oder Zauberstrich, sondern eine Erinnerung an dieses von selbst entstandene Gedicht, das bereits aus allen Dingen der Welt hervorging. Gedicht, Geruch, Echos, die den heiligen Stupor aushauchten und begleiteten.

Der Mythos, eine Sage oder ein Traum, der aus der unvorstellbaren Wirklichkeit der Ursprünge erwuchs und in den ersten Geschichten der Menschheit nachgebildet wurde, hatte nicht das Abgeschlossene einer historischen Gegebenheit, allein deswegen, weil er sich mit jedem Dichter wiederholte, der von jenen verkannten Zeiten bis zu unseren allzu bekannten heraufgestiegen ist, um ähnliche Offenbarungen zu erleben. Ein Gedicht zu schreiben, es zu singen oder zu ersinnen, bedeutet zugleich, jener nicht verifizierbaren Wahrheit zuzustimmen, dass das Gedicht als solches zeitgenössisch ist mit den ersten Feuerstellen auf der Erde. Aus diesem Grund gefällt es uns gerade, wenn sein Anlass tief im Dunkel bleibt und so mancher zögert, einer klaren Aussage zuzustimmen. Das alles-sehende Gedicht beruft sich auf keine sichtbare Notwendigkeit, das sagen Dichter, die ihrer Sache sicher sind, und das Gedicht kehrt jedes Mal zu etwas zurück, was eine Episode war oder das Bedürfnis nach einer Vorahnung der Menschheit. Damit erneuern die Gedichte in der Notwendigkeit ihres Sprechens, sogar bei Dichtern, von denen man es nie erwarten würde, jedes Mal die Wanderung, die vom ursprünglichen Dunkel des Gesangs zu seinen bebenden Gewissheiten führt. Das Gewebe des Gedichts ist unergründlich und unerkennbar, das Gedicht nimmt seinen Weg untergründig, es zeigt seine Glanzsplitter in allen Sprachen der Welt, als Schrei oder Sprechen, das heißt, in allen Himmelsrichtungen, in die wir uns vielleicht verirrt haben, es weitet sich von der Wahrheit einer Landschaft zum Erleben einer anderen, das nomadische Gedicht rollt *von Zeiten zu Zeiten*.

Dieses Anheben hat dazu geführt, dass das Sprechen sich selbst enthoben wurde und zugleich an jedem möglichen Ort ausgelöscht hat, wie einer der unzähligen Vögel eines

Schwarms. Es geschah, bevor sich die Rassen und die Sprachen und die Haltungen differenzierten und dann gegeneinander stellten, und bevor das Gedicht in Einbrüchen der Erde in ungeahnte Dunkelheit verschwand, und mit ihm alle Möglichkeiten der Sprachen, die fortan zusammengefügt werden mussten wie zerrissene Wurzeln.

*

Eine Frühe, im Abgrund, unerklärlich.

*

Daher haben die Menschen die Einbrenne des Sprechens, die Schriftzeichen des Gedichts, unablässig immer wieder neu begonnen. Sie suchten nach dem, was erkannt war, sie verfolgten alle Sprachen zurück, die so allmählich wiederentdeckt wurden. Die Schrift entstand zunächst nicht aus dieser Erkenntnis, aber irgendwann kam, hier und jetzt, die Anhäufung der Stimmen, das lebhafte und laute Deklamieren von Strophen, es brachen urzeitliche *Rara*-Rhythmen herein, sie hatten die Kirchenglocken einst angekündigt, aber heute, da diese verstummen, treten sie wieder an ihre Stelle. Die Rhythmen kreisen und kreisen, dazu in Kaskaden das Brausen der wieder bloßgelegten Wurzeln, die haufenweise hereinstürzen, aber auch all der Morast, der ein Aufkommen der Worte, das Aufkeimen der Gesänge verhindert, die in ihren eigenen Sprachen und Ausdrucksweisen aus Samen und Fäden das Gedicht erneut einfordern möchten, das ganz verschüttet ist. Denn es ist auch ihr Werk, es scheint auch aus ihrer wilden Saat aufzuspringen. Schrift und Mündlichkeit kamen aus demselben Schwung, sie stammen aus derselben Wurzel, das hatten wir vergessen. Doch triumphierten die Völker der Schrift stolz über die Völker der Mündlichkeit, denn so stand es geschrieben.

*

Was wünschte dieses heilige Sprechen (und ich schließe hier die ganze Welt ein), außer so viel unvermeidliche Dunkelheit zu bestätigen? Im Beginn war es bestrebt, vor der Aufsplitterung in Differenzen zu warnen (oder sie zu bekämpfen), die unabwendbar schien, danach, als die Wege und Inspirationen der Welt tatsächlich getrennt waren, mühte sich das heilige Sprechen, diese Differenzen weiterhin um ein und dasselbe Atmen zu versammeln, um so auf den vielstimmig auseinanderstrebenden Klang, der sich bis zum Horizont ausbreiten sollte, mäßigend und beruhigend zu wirken.

Das Heilige bot auf diese Weise eine wohltuende Lösung für die bedrohlichen Diversitäten, aber dem Gedicht fehlte der Raum, um erkannt zu werden, es entzog sich unter die ersten Einbrüche der Erde. Halten wir das fest: *Das Gedicht liegt unter einem Einbruch der Erde verschüttet*. Bevor die Arten und Gattungen aufkamen, wurde die Einheit und die Diversität der Dinge, eher aus Gewohnheit als aus Bequemlichkeit, als Gegensatzpaare oder Dualitäten dargestellt, in dieser Anordnung ließen sie sich besser unterscheiden (wir denken und reagieren auch heute noch in dieser Dualität, zuweilen mit überraschendem Vergnügen), bis die Differenzen sich erneut als solche zeigten und das Gedicht ein weiteres Mal hervortrat. Doch die Völker waren schon getrennt, die Herrschaft hatte sich ausgebreitet. So ähnlich ist es bei uns mit der Blüte der Papayabäume: Die männlichen heißen *bouarengues* – „Wallache" –, weil sie steril sind, während die weiblichen die Last der Fortpflanzung für die Gattung übernehmen. Manchmal vermehren sie sich aber gleichzeitig und doch getrennt. Das haben wir erlebt, einen *männlichen Papayabaum*, der Früchte trug. Es war eine Rückerinnerung an die vorzeitliche Ununterschiedenheit. Sie ist durch das Dunkel gegangen und hat es ausgedrückt, bevor sie zur ungewissen Klarheit unserer Geschichten gelangte.

II

Am Hügel von Bezaudin auf Martinique (unweit der urzeitlichen Gluten des Mont Pelé), im Jahr 2008: Das blasse Grün der Gevierte mit jungem Zuckerrohr weicht dem Dunkel des Anstiegs. Wir müssen die Gewissheiten hinter uns lassen, nach dieser Zeit in der Ferne: Glanzsplitter, die uns locken, Nacht des nackten Geästs, das uns aus der Ferne heranholt! Der Weg dreht und windet sich und zieht hinauf. Plötzlich vor uns ein ungeheuer mächtiger Stamm, die Früchte leuchten so durchscheinend und zart, ich hatte sie vergessen oder früher verkannt, derart zerbrechliche Früchte an so wuchtigem Geäst. Wir schweben in voller Fahrt unter seinen Etagen. Oben eine weite umrandete Helligkeit, ganz rund von der Sonne, und junge Leute, die unter einer Veranda aus rotem Lehm kauern, als verkauften sie nur ruhig die Blätter. Sie wollen nichts Falsches sagen zur Frage des ungewissen Orts jener Hütte, verweisen uns also an ihre Verwandtschaft, in der Nähe, unter einem anderen Schutzdach. Es ist der Bruder der Mutter und der Vater des Vaters, deren Stimmen plötzlich im trockenen Nachmittag erzittern. Ich lerne mit einmal wieder die Sprache von oben, ein stoßweises Créole, fließend und zerhackt zugleich. *Wo ist diese urzeitliche Hütte, unsere Kate, deren Wände aus Lehm und Flechtwerk über die Zeit hinweg einem rostigen Wellblech gewichen waren, so dass sie am Ende noch elender aussah als eine alte Laube?* Ich war vor über zwölf Jahren mit einem meiner Söhne hier gewesen, damals noch ein Kind, das sich an mich klammerte, voll Angst vor diesem Bild der Leere und des Verfalls. Mein Sohn wandte sich dann dem Geräusch des Bachs drunten zu, das immer schwächer geworden ist. Ich versuchte, durch eine Ritze die Umrisse der Schatten im Innern der Hütte zu erspähen, aber da war nur eine Ansammlung Finsternisse, bewohnt von Tausendfüßlern und sicher auch von Langen-Tieren, satt vom Vulkangestein. An diesem Ort bin ich geboren. Heute finde ich den Weg nicht mehr, die Stimmen der Männer streiten, in welcher Richtung die Hütte liegt, das schrille Zetern vom Vater des Vaters, die beharrliche Genauigkeit vom Bruder der Mutter, er ist jünger und zurückhaltender, der Ältere pathetisch, gesprächig, heftig, wie zersplitterndes weißes Glas. Wir entscheiden uns für die Genauigkeit, wollen ihrer Richtung folgen, aber es ist schon zu spät.

III

Du wirst die Hütte dieses Mal nicht finden, zwischen den Trieben und Stümpfen aus neuem, schon zersetztem Zement, wie Jollen, die verkehrt herum liegen, mit dem Ruder nach vorn. Nie mehr wirst du sie finden.

Wir kreisen länger als eine Stunde in dem Schachbrett aus Sonne und Nacht, durch die zerrissenen Schatten des Geästs, das Knirschen von Gräsern und Morast unter unseren Füßen aufrollend, wo noch Reste der alten Wege geblieben sind. Wir hoffen unseren Leib in dem Gelärm der Pflanzen zu verlieren, in dem die Hitze brodelt wie im Canari auf einem mit drei Steinen bedeckten Feuer. Ich bin betäubt, weil ich das einst pausenlose Plätschern des Bachs drunten nicht mehr höre: Nicht weil ich es gewohnt war, sondern weil es überhaupt keines dieser Rinnsale mehr gibt, die uns, ebenfalls gebändert von Steinen, beim Anstieg auf den Hügel begleitet hätten.

Die (dicken) blauen Kaïlcédrats und die Aprikosen, deren Haut platzt wie weicher Kork, die Zéphirine-Mangos und die unerreichbaren Pomelos, haben sich vermischt zu einem Neubeginn von Ländern und Zeiten, die Erde hier ist bereits bedeckt mit süßen Lianen und einer dichten Decke von muffig riechendem Gras. An dieser Stelle ist sie eingebrochen und wie von unten nach oben gewälzt, die riesigen Wurzeln speien weitere Ladungen von Geäst, wie gesunkene Schiffe, die noch all ihre Lebensmittel an Bord haben. Der

Modergeruch hat das Geräusch des Wassers ersetzt. Barrieren aus Stämmen und angehäufter Erde versperren Durchgänge, die nun keine mehr sind, die Zementhäuser in der Umgebung wurden evakuiert. Die gesamte Verwandtschaft, meine Familie, die an diesem Ort kreiste (genau hier), lebt irgendwo in der Gegend, und die Hütte in der Mitte ist in dem Einbruch der Erde verschwunden, wie ein Gedicht aus der ersten Zeit.

Tatsächlich ist das Gedicht die einzige Dimension von Wahrheit, Dauer und Abweichung, in der alle Präsenzen auf der Welt miteinander verbunden sind, erobernde und zerstörte Völker, gebildete und einfache Gemeinschaften, Gesänge und Rufe, ruhige Gespräche mit den Wäldern, Gewässern und Feuern in der Weite, auch die wilden Vorstöße in unbekanntes Dunkel, die ernsten, dienstbaren Poeten und die überbordenden Griots, die Improvisationskünstler der Pampa und die Taktgeber beim Rudern, die lautstarken Gemeinschaften und die Völker mit unhörbarem Sprechen, die Programmierer der Unterhaltungsindustrie und die schamlosen Vulgarisierer, und dazu alle weiteren Ausdrucksformen, die man sich denken kann, das beginnt bei der unmerklichen Berührung mit unserer Umgebung, etwa wenn dieser Pipirivogel sich hier niederlässt und seinen Gesang ersinnt.

*

Ein Spruch aus dem alten Afrika lautet „nur die Straße kennt das Geheimnis“, oder noch heimlicher, „nur die Straße kennt den Weg“. Der Kompass der Welt führt uns in Richtungen, von denen wir nichts ahnten.

PHASEN

All der Wind, der vom Gedicht her weht,
ist das Gedicht selbst, das sich regt.

IV

Die ungeordnete Folge von Bildern, die ich hier anführen möchte, stammt aus meinem Essay *Une nouvelle région du monde,* hier wird einiges zusammengefasst oder wieder aufgenommen, was dort gesagt wurde. Ein Gemeinsamer Ort* ist demnach ein Ort, an dem ein Gedanke der Welt einen anderen Gedanken der Welt aufruft und erhellt. Unterdessen ist die Welt wie ein über die Ufer getretener Fluss geworden, der große Becken ausgehoben hat, so dass man darin viele Maultiere auf einmal abreiben kann (wie das Große Bassin hinter Ducros und Saint Esprit, wenn man auf Feldwegen hinüber zum Vauclin fährt), dieser Fluss ist aber nun mit Dreck und Abfall bedeckt und er schleppt seine kleinsten Verzweigungen bis zu einem trüben, für immer gelben Delta, das so vielfach vermischt ist, dass es transparent aussieht. Wie dieser Fluss ist die Welt, wenn sie sich uns offenbart, mit allen Ungewissheiten und Unentscheidbarkeiten bedeckt, die uns ihre Bewegungen verbergen.

In der Geschichte der Menschengemeinschaften lebten die Völker also getrennt und nahmen von der Welt nur ihre eigene Umgebung wahr. Sehr viel später strebten die westlichen Kulturen danach, die Welt „zu entdecken", um sie

* (frz. mit Bindestrich geschrieben, außer in der grammatikalisch gültigen Form, wenn er bloß eine offenkundige Tatsache, einen „Gemeinplatz", bezeichnet); Anm. d. Autors

daraufhin fast ganz zu kolonisieren. Die Beschäftigung mit der Geschichte lehrt uns, dass bei diesen Gemeinschaften die Leidenschaft der Entdeckung meist umschlug in einen gewalttätigen Herrschaftsdrang, hinzu kam, dass sich durch die Eroberungen häufig Hypothesen der Wissenschaft verifizieren ließen. Die Welt zu entdecken und ihre Wahrheit zu eröffnen, die Welt zu beherrschen und alle Erkenntnis in ihrer überwältigenden Allgemeinheit zu erfassen, das ging für die Völker der expandierenden Nationen miteinander einher. Daher spielte bei den Kriegen zwischen benachbarten Ländern offensichtlich weniger die Eroberung als die Vorherrschaft eine Rolle. Daraus lässt sich wiederum der Schluss ziehen, dass die Entdecker nur für etwas so viel Eroberungseifer aufbrachten, was sie nicht mehr kannten. Die nackten, stummen Karten (*terra incognita*) hypnotisierten sie mit dem Phantasma der früheren Einheit der Landmassen. Die Eroberung galt daher nicht als Schandtat, sondern jede Entdeckung hatte ihren eigenen Adel.

Seitdem die Welt zu ihrer Totalität zurückgefunden hat, wurde die Leidenschaft der Entdeckung allmählich von einem anderen Anspruch ersetzt, dem einer wahrhaften Totalität: Das heißt, dass das Empfinden der Menschen, das heute in der Weite der Welt wirksam ist, immer beharrlicher die bisher nicht beachteten Bereiche wahrnimmt und dabei feststellt, dass diese im Gleichgewicht des Gesamten nicht weniger von Leben erfüllt sind als die stärksten und auffälligsten. Die Feststellung klingt vielleicht einfach, aber wir sehen die Welt nicht mehr in grober, projizierender Weise, wie etwa noch vor kurzem die fünf Kontinente, die vier Rassen, mehrere große Zivilisationen, zahlreiche Entdeckungs- und Eroberungsfahrten, einen regelmäßigen Zuwachs an Wissen, eine mehr oder weniger vorhersagbare Entwicklung. Hingegen treten wir nun ein in das winzige Detail, vor allem erfassen wir von überall die Vielfältigkeit, die keine Weite hat, und die für uns unentwirrbar und unvorhersehbar ist. Die zwanzig Zivilisationen von einst bilden jetzt diese unendliche Zahl von Kulturen. Was wir von ihrer Wesensart wissen, erhöht für uns noch die Undurchschaubarkeit der Beziehungen zwischen ihnen.

*

Ebenso einfach ausgedrückt: Es gibt nicht nur fünf Kontinente, es gibt Archipele, Meere in üppiger Zahl, sowohl sichtbare als auch verborgene, und auch die heimlichsten rühren uns an. Nicht nur vier Rassen, sondern seit langer Zeit wunderbare Begegnungen, offen wie die Hohe See. Sie waren schon da, jetzt sehen wir sie.

Es gibt nicht nur große Zivilisationen, oder besser: Der Maßstab für eine Zivilisation wird ersetzt durch eine Vermischung der Kulturen, wo die Gemeinschaften Nachbarn und miteinander in Verbindung sind. Sie schaffen mit ihren Einzelheiten überall und von allen Seiten die Totalität. Das Detail ist kein Punkt in einer Beschreibung, es ist eine Quelle der Poesie und zugleich eine nicht messbare Weite. Diese Unübersichtlichkeit und dies Unerwartete zeigen, noch vor jeder Definition, die Realität und die Bedeutung der All-Welt auf.

Das Verhältnis von Entdeckung, Eroberung und Erkenntnis ist vor diesen neuen Horizonten nicht mehr evident, damit hat auch die Eroberung ihren Sinn verloren. Heute kennen die Herrschenden andere Möglichkeiten des Profits. Es gibt allerdings Kollektive, die noch in eine für sie wirklich unübertroffene Vergangenheit eingezwängt sind und die vielleicht aufgrund ihrer beeindruckenden Masse noch abgehalten werden, sich (so viel wie nötig wäre) mit der Welt zu bewegen. Sie machen den Gleichklang aus Entdeckung, Eroberung und Wissen weiterhin zur Basis ihres Handelns. Beispielsweise testen sie in zu diesem Zweck angezettelten Kriegen die Waffen, die sie zwischen den Konflikten erfinden oder perfektionieren, das sagen wir in aller Unschuld immer wieder. Sie treiben Handel mit diesen Waffen und verdienen so doppelt an ihnen.

Die neue Dimension einer Welt in ihrer Totalität sowie neue Mittel der Unterdrückung lassen diesen Drang zu herrschen überholt erscheinen, und wenn auch noch nicht im Faktischen, so doch zumindest in den Bewertungen, die man allmählich gewinnt, etwa, dass die Stärke einer Nation nicht mehr ihre Größe ausmacht. Die Größe eines Landes wird inzwischen bestimmt von dem Gefühl (des Einzelnen wie des Kollektivs) für die Balance im Verhältnis zum Anderen, was die Beziehungen zwischen den Staaten betrifft, und im Übrigen zeigt sich die Größe eines Landes daran, wie scharf sein Sinn für die Ästhetik der Welt ausgeprägt ist. Diese Ästhetik achtet darauf, ob eine Balance oder ein Bruch zwischen einer Kultur und einer anderen vorliegt: Balance und Schärfe, Intuition und Wahrnehmung haben die gleichen Grundlagen.

Die neue Leidenschaft zu sehen, wie sich diese Totalität der Welt realisiert, ohne das am wenigsten Beachtete ihrer Einzelteile auszunehmen, stellt an die heutigen Gemeinschaften neue, verborgene Anforderungen: zuallererst die Differenz (die Unterschiedlichkeiten) als Grundelement der Weltbeziehung anzuerkennen. Das Unterschiedliche, nicht das Identische, ist das Elementarteilchen aller Lebewesen auf der Welt und im verwobenen Netz der Kulturen. Unzweifelhaft käme eine bis ins Unendliche geklonte lebende Spezies für immer an ihr Ende, es sei denn, sie geriete in eine erratische Mechanik oder für sie würde das Identische, durch reine Paradoxie, das heißt, ohne dass sie es geplant oder gewünscht hätte, zu einem Prinzip der Differenz.

Es wird behauptet, das Klonen eröffne die Möglichkeit unendlichen, wenn nicht gar ewigen Lebens. Dabei ist es auch offensichtlich (ein Gemeinplatz), dass eine menschliche Kultur, die sich stets nur und ausschließlich selbst befruchtet, eine Kultur ist, die in der Welt nichts befruchtet, die sich nicht befreit und für nichts entflammen kann. Ließen sich solche Paralysen heute überhaupt verwirklichen, das heißt, könnte man in einem so harten, neutralisierten Chaos leben? Anders ausgedrückt: Ist das Chaos unsensibel für Differenzen, kann es Identisches anhäufen, in einem derart sterilen Prozess der Vermehrung?

Auf die Vielfältigkeit zu verzichten, die selbst das Multiple der Diversität ist, wäre keine Garantie dafür, dass einzigartige, überschaubare Einheiten überdauern würden. Das fruchtbare Feuer des Austauschs und der Veränderung brennt für uns und in uns, daran können nicht einmal die am Anderen begangenen Kränkungen etwas ändern, und auch die persönliche Einsamkeit der Menschen umgibt sich heute nicht mehr mit Mauern. Die Unterschiedlichkeiten zu empfangen, in Begegnungen, die Schönheit hervorbringen, aus denen unaufhörlich Schönheit entspringt, lässt uns endlich zu Diversitäten gelangen, die (gleichzeitig) ein Maß und das Material für die All-Welt sind. Daraus erkennen wir, dass das Identische die Schönheiten dieser All-Welt nicht erfasst und nicht enthält.

Durch das Zugeständnis der Diversität sind Differenzen weiterhin in der Lage, sich von außerhalb zu definieren, als Unterschiedlichkeiten an sich, ohne die Furcht, sich in unerwarteter oder neuer Weise einzulassen und mit dem Anderen identifizierbar zu werden. Das ist das Bedeutende an der Diversität, dass sie in der Aktivität und Leidenschaft der Welt vervielfacht wird, doch nur jedes Mal ihre Stärke gewinnt, wenn sie sich durch die Anerkennung aller hervorgetan hat. Diese Erkenntnis allein führt zu einem Wandel. Wir waren im Einen völlig gelähmt und wären es immer noch. Selbst was unserem Wissen noch unbekannt ist, bewegt uns, wenn wir die Fragen mit anderen gemeinsam stellen.

Der Gedanke, dass es in der Diversität der Welt nicht auf die Verschiedenartigkeit ankommt, sondern auf die Solidarität der Differenzen untereinander, gemahnt uns sogleich an eine veränderte Betrachtung der Zeit – für uns eine weitere Leidenschaft. Gewiss zieht die Zeit ihre eigenen Kreise, aber sie geht auch von jeder Differenz aus zu allen anderen. Wir wagen nun, uns die Zeit als etwas Relatives vorzustellen (es gibt zerhackte Zeiten), das durch etwas Absolutes hindurchgeht (es gibt Zeit-Ströme), beide Aspekte sind in variablen Augenblicken miteinander verbunden.

Die Differenzen auf der Welt (die Unterschiedlichkeiten) bieten sich in ihren ausgeweiteten Zeiten dar und sind gleichwohl (heute, über die Zeit der Weltbeziehung in ihrer Totalität hinweg) miteinander zeitgenössisch.

Die Zeiten des Inuit-Lagers, des bretonischen Dorfs, der Ödnis von Darfur oder des abgeholzten Urwalds sind jetzt, ganz real, gleichlaufend mit der Zeit der Bank an der Wall Street in New York, USA, und nicht mehr nur benachbart auf Zeitparallelen. Die Zeit des Archipels neben der Zeit des Kontinents, das ist wirklich ein Wunder.

Völker, die man von ihrer Geschichte abschneiden wollte, setzen in einzelnen großen Stücken ihr kollektives Gedächtnis wieder zusammen, sie springen von Fels zu Fels in den Flüssen der Zeit, sie schaffen ihre Zeit und verbringen sie, als nähme sie kein Ende. Und dennoch teilen sie mit den anderen Völkern, vielleicht sogar mit denselben, die einmal ihr kollektives Gedächtnis hatten auslöschen wollen, den Verlauf der bloßgelegten, hochaktuellen, brandheißen, unerwarteten und schwindelerregenden Zeit der All-Welt. Die Zeit des Menschengedenkens und die Zeit der Sternwarten. Jedem, der heute Widerstand leistet, wo immer auf der Welt das sei, und welchen Grund er dafür auch angibt, zeigt sich ein Horizont als eigener, öffnet sich jeweils eine andere Region in einer anderen Totalität.

Weil wir die Unterschiedlichkeiten erhoben und ausgebreitet haben wie bloße Wolken.

Wir haben auch die Landschaften ausgebreitet, die wir plötzlich zusammen sehen und vergleichen, als überlebende Gefilde der Zerstörung: verfaultes Salz und gefrorene Pollen, Dattelpalmen, die in ihren Sand zurückwachsen, Sande, die sich in anderen beigefarbenen Sanden verlieren, Feuer und Wassermassen, die urzeitlichen Schlamm zerstören und Halbinseln, die anderen bereits versinkenden Halbinseln zurufen, Anhöhen und Hügel, die Stürme zu den Gipfeln der Berge schicken, dann der Busch, der zu Wäldern, zu gerodetem Land, zu dürrer Erde verwandelt wird, in allen Farben des Brandes schillernd, wo Menschen als in Lehm drapierte Skelette überleben, während sie sich auf der Fleischbank der Städte, von schwärendem Fett aufgedunsen, am Leben halten.

Dies sind also die geheimen Leidenschaften der Menschen und ihrer Gemeinschaften (die jedoch so schwer zu ertragen sind): zuerst das Bewusstsein von der Totalität der Welt, und damit die Akzeptanz der Differenz und der Unterschiedlichkeiten, dazu das zersplitterte und doch gleichlaufende Erleben der Zeit, das bereits Eingang findet in die Geschichten der Völker. Diese Leidenschaften, die zugleich Spannungen sind, beziehen sich auf ein Universum, dessen geographische und physische Regionen fast vollständig bekannt sind. Aber sie beschreiben zugleich *eine neue Region der Welt*, die nicht zu erkunden sein wird, sondern in die wir gemeinsam eintreten, ehemalige Kolonisatoren und ehemals Kolonisierte, ohne dass sich aus dem Erbe der Vergangenheit für diese oder für jene unter ihnen irgendein Vorteil in der Erkenntnis ergäbe: Eine Voraussetzung dafür ist allerdings, dass dem Raub der Bodenschätze, der Verurteilung ganzer Völker zum Niedergang, den bleibenden Schäden und den aus der Ferne verübten straflosen Verbrechen nicht Rechnung getragen wird.

In die Welt eingehen heißt in ihr Bleiben, Kreisen oder Driften. Die Punkte des Ankerns und die Punkte des Driftens unterscheiden sich nur nach der gewählten Poetik oder nach der freien Geisteshaltung (dem Verzicht auf Rollenzuschreibung), die den Philosophien eigen ist – es sei denn diese Punkte des Ankerns oder Driftens wurden den Völkern durch Armut und Bedrohung aufgezwungen. Die Welt ist All-Welt vor allem in der Ausweitung und im Detail, das heißt, in den Einzelschicksalen der Menschen, die am Ort gehalten werden oder umherschweifen. Für jeden Menschen leuchtet hier (genau hier) eine Lektion auf: Die Lektion vom Detail der All-Welt, das heißt, ausgehend von den eigenen Poetiken zu allen anderen Details zu streben, worin sich bereits das Politische abzeichnet. Das Politische ist die neu entdeckte Übereinkunft, vom kleinen Detail aus zu einer offenen Totalität zu gelangen, und dabei die verallgemeinernden Ideologien zu meiden.

*

„Seht meine Wunden und an meinen Beinen, die Narben meiner Wunden" (denn wir sind lange gewandert).

*

Dieses Teilen unserer Wechselfälle, ungeachtet der unterschiedlichen Verteilung des Glücks, und abgesehen von den Herrschenden, den Massakern, den unmenschlichen Zuständen, in denen eine große Zahl der Völker gehalten wird, dieses Teilen erklärt, was wir jeden Tag erleben, nämlich dass sowohl unsere plötzlich aufkommenden Gedanken und Reaktionen bis hin zu den heimlichsten als auch unsere Inspirationen und Einsichten zur selben Zeit, irgendwo im Raum unserer Erde, weit in der Ferne, bei anderen einen Ausdruck oder eine Vorahnung finden, in völlig fremden Sprachen, in seltsamen, unerfindlichen Formen, bei Menschen, die uns völlig unbekannt sind oder von denen wir kaum etwas ahnten und die zu uns scheinbar in keinem erkennbaren Bezug stehen.

*

Auch das Gelärme der Bilder verbreitet sich auf diese Weise und stellt sich zur Schau.

*

Übereinstimmungen solcher Art, die wir immer wieder Gemeinsame Orte nannten, vervielfachen sich pausenlos im Gebrodel des Internets und anderen nie gekannten Formen der modernen Kommunikation, diese heimlichen Übereinstimmungen sind wohl der Stoff, mit dessen Hilfe sich die harten Erschütterungen unserer Welten verbreiten. Sie sind unvermutet, das heißt, das Wissen um sie verfliegt, sobald es wahrgenommen wird: Durch diese Übereinstimmungen ahnen wir etwas von der Weltbeziehung und nehmen an ihr teil.

(Was die Gemeinsamen Orte verbindet, ist eine wuchernde Wurzel, die dich über die Lichtungen hinausträgt. Eine losgerissene Wurzel, die dich am Ort hält.)

Wir lernen immer besser, diese Orte zu versammeln und daraus Einsichten zu gewinnen: Hier haben wir es nicht mit dem häufig behaupteten Zusammentreffen wissenschaftlicher und technischer Entdeckungen zu tun, wenn beispielsweise festgestellt wird, wer als erster eine Maschine für die Schwerelosigkeit in der Atmosphäre herausgebracht, das AIDS-Virus isoliert oder noch früher, ein U-Boot erfunden hat. Solche Entdeckungen blieben häufig im Geheimen der Labore oder Experimentierfelder eingeschlossen, solange das Patent nicht gesichert war. Die Gemeinsamen Orte, von denen ich spreche, beziehen sich dagegen auf eine überall empfundene, in der Weite ausgebreitete Intuition, nämlich von der Unerforschlichkeit der Welt und der unzähligen Zustände, die daraus hervorgehen. Es handelt sich um eine „universell" bestehende und geteilte Vorstellung, die jedoch partikular erlebt wird, sie verbreitet sich und sie erscheint an allen Orten. Ihr Vorzug ist eine Poetik des Diversen, die ebenfalls unendlich viele Ausdrucksmöglichkeiten kennt: Diese Poetik des Diversen ist von großer Lebendigkeit, weil sie mit den vielen unterschiedlichen Positionen und Eingebungen von der Weltbeziehung und der Unterschiedlichkeit in Verbindung steht. Das Imaginäre, unsere Vorstellungswelt, zeichnet sich in unseren Gedanken vor, die dann unsere Vorgehensweisen hinterfragen. All diese Gedanken bewegen sich im nahen Umkreis und fliegen in die Weite.

Von Werken, die aus diesem Imaginären hervorgehen, sollte man keine „universelle Literatur" erwarten, ohnehin ist das ein undeutlicher, eigentlich überkommener Begriff. Denn eine solche Literatur müsste abstrakt und inhaltsleer bleiben, da sie nicht nach Bodenhaftung, nicht nach einem eigenen Charakter strebt (da sie nicht eingestehen will, dass es fruchtbare Nähe, aber auch furchtbare Übergriffe und Feindschaften zwischen den Orten und den Gattungen untereinander und in der Totalität gibt). Oder aber es entstünde das Gegenteil, nämlich eine extrem partikulare Literatur, die sich selbst als „universell" und für alle zugänglich erklärte, indem sie ihre eigenen Schreibweisen zum allgemeinen Maßstab erhebt und sie als eindeutigen „Wert" allen anderen Ausdrucksformen der Zivilisationen und Kulturen aufzwingt. Das in vormenschlicher Zeit verschüttete Gedicht wird heutzutage nicht für alle gleich klingen. Wir entziffern es mit großer Mühe, wir lesen es in einem Schwung durch oder wir folgen ihm wie der Gelehrte mit der Kerze, in kleinen Schritten und wägenden Worten.

Das Gedicht ist nicht universell, aber *gültig* für jeden und überall.

*

Ich höre ein Tamtam und eine zersprungene Glocke. Flötenmusik aus den Bergen. Ich höre Sonne und Nacht.

Ich höre den Mond mitten am Tag. Bist du allein und hörst unsere Worte?

*

Das Universelle sei, so wird behauptet, in der modernen Auffassung eine „selektive" Sublimierung des Besonderen, wie es schon für die universellen Werte der meisten okzidentalen Kulturen galt: die Würde des Menschen, die Familie als wichtige Einheit, die den Clan ablöst, der angebliche Vorrang des freien Willens, das paradoxe Ideal der Demokratie (mit der Pflichtparade der Wahlen, die meist nur noch Paraden sind). Offenbar verbreiten sich diese Auffassungen über die Welt, werden tatsächlich und buchstäblich „universell", zumindest dort, wo die Lebensbedingungen der Gesellschaft und ihre Wirtschaft es erlaubten, und ungeachtet der Unterdrückung, die dieselben Werte häufig bewirken, zulassen und weitergeben. Es handelt sich um Sublimierungen, mit denen sich die Herrschaft, die wir bekämpfen, gerne ziert. Uns will erscheinen, dass ein partikularer Wert nicht dafür sorgen muss, sich als Wert zu verbreiten (das heißt, „universell" zu werden), er steigert seine Bedeutung, indem er in Relation, in die Weltbeziehung, eintritt.

*

Eine universelle Auffassung erfährt zunächst ihre Verbreitung als etwas scheinbar Gültiges. Erst mit der Zeit wird sich ihre Geltung erweisen.

*

Literaturen (Künste), die von der Welt sagen, sind nicht auf ein paar Illustrationen von Tendenzen oder Besonderheiten beschränkt, die pünktlich in einem Augenblick so weit gediehen sind, dass man sie verallgemeinern oder sublimieren könnte. Literaturen fließen nicht gleichmäßig oder kontinuierlich, sie bestehen aus Brechungen, sprudelnden Inspirationen, Protesthaltungen und völlig unvorhersehbaren Schöpfungen, das heißt, sie streben in ihren Intentionen auseinander. Aus ihren Divergenzen entstehen keine Spannungen zwischen Allgemeinheiten (die zu einem Universellen führen würden). Sie weisen vielmehr jedes Mal auf die Abweichung, das Relationale hin (die beide zur Diversität führen), selbst wo diese Literaturen noch nachhängen, da sie sich weiter in Identitäten abkapseln oder Sprachen und Formen gebrauchen, die heute offenkundig von der Welt abgewandt sind.

Die sogenannten großen Literaturen sind nicht universell, trotz unseres Strebens nach irgendeinem Absoluten, das uns über die Opazitäten hinwegtrösten soll. Sie berühren in sehr genauer und ungehöriger Weise (das macht ihre spröde Schönheit aus) einen oder mehrere Punkte der Begegnung oder des Umbruchs im Fadenlauf der Weltbeziehung. Darin drückt sich ihre eigentliche Geltung aus, die sie erst erlangen müssen.

Die Welt, die sich zur All-Welt wandelt (sie hat inzwischen eine Intuition von ihrer realisierten Totalität, die gleichfalls vielschichtig und unvorhersehbar ist), wird aus diesem Grund zum höchsten Gegenstand der Literaturen, sie ist der Teil vom Unendlichen, der ihnen zufällt. Die ungeheure Komplexität der vielen partikularen Wertgefüge, die „zur Universalität erhoben" werden könnten und die Unübersichtlichkeit, mit der sie auf „der großen Bühne der

Welt", wie auch in einem unbemerkten Untergrund, zueinander in Beziehung geraten, lässt die Literaturen nun selbst zu einer großen unruhigen Diversität drängen, so dass sich ihre Unvorhersehbarkeit noch erhöht. Dies gilt vor allem, wenn sie weiterhin als „nationale" Literaturen betrachtet werden (gerade sie verlangen häufig nach den anderen, den „universellen" Literaturen, obgleich dies allem widerspricht, was man von einer „Universalität" erwarten würde). Die Literaturen vermitteln uns den Eindruck, dass die Diversität zunächst ein Feld der Verdichtung aller Künste ist (nicht im Sinne der Sammlung, sondern der Reibung – die Reibung wird *buchstäblich*, also Literatur). Denen, die diese vielen Unverständlichkeiten beunruhigen, sei gesagt, dass es sich nur um Anfangsschritte handelt, um ein erstes *Voranschreiten* in einer Poetik der Weltbeziehung.

*

Der Wirbel der Wasserfälle, der schon in der Quelle zittert.

*

Das Unentwirrbare (der Welt) schafft die Unübersichtlichkeit dieser heutigen Literaturen, die daraus ihren Gewinn ziehen, dass sie die veraltete Auffassung von einer nationalen oder universellen Literatur meiden, die vermeintlich transparent, aber immer noch vorherrschend ist. Damit ist jedoch nicht gesagt, dass die Nation nun keine Rolle mehr spielen soll: Die Kollektive brauchen dieses heimliche Bindeglied (ob es nun progressiv ist oder hinderlich), um mit dem Ort umzugehen, den sie bewohnen, und mit der Landschaft, die sie Tag für Tag erstehen lassen, aber auch, um ihre Verbindung zu anderen Orten und anderen Landschaften herzustellen: Überholt ist daran nicht die Verbundenheit mit einem Kollektiv oder der gemeinsame Blick auf die anderen, sondern die von der Tradition gestützte Anschauung – das eiserne Gesetz in den Beziehungen zwischen Nationalstaaten –, dass meine Art, an meinem Ort zu sein, die „universell" beste sei, und dass daher mein Umgang mit der Welt nur auf diese und auf keine andere Art gelingen kann. Von diesem Primat ausgehend (dem man irrigerweise häufig eine große Förderung der Identität zugeschrieben hat), wurde eine andere Form des Heiligen behauptet, das Heiligtum des Bodens, des Blutes und der Vererbung (um ein Anrecht zu begründen). Faschismen und Rassismen, denen das Teilen verhasst ist, pflegen diese Anschauungen weiter, unter dem ruhigen oder gefälligen Blick der Mehrheit. Ganz negermäßig oder südländisch sind diese Missgeburten des Heiligen an der Weite zersprengt worden.

*

In dieser Weise *sprengen* die Literaturen *auf*.

*

In starkem Gegensatz zu den bereits angeführten Abschottungen verstehen wir die Weltbeziehung *als die realisierte Quantität aller Differenzen auf der Welt*, ohne dass eine einzige ausgenommen werden könnte. Die Weltbeziehung strebt nicht nach Erhabenheit, sondern nach Fülle, nach Vollzähligkeit. Wir nehmen daher an, dass sie sich ausweitet, bis sie die Totalität der Differenzen absolut umfasst. Das heißt, sie braucht keine Sublimierung, um sich zu erhöhen oder zu legitimieren, sondern sie erscheint kontinuierlich und vervielfältigt sich, erfüllt und verlängert sich, bis diese Totalität absolut erreicht ist.

Die Literaturen der Weltbeziehung gewinnen nicht an Wert, indem sie nach „Universalität“ streben, selbst wenn das unser geheimer Wunsch ist (denn in diesem Bereich gehorchen wir noch dem Einen, gefallen uns in einer selbstgewählten Absolutheit): Sie bauen ihre Bleibe, indem sie mit der All-Welt lebhaften Austausch treiben, die in stetem Wandel ist, während sie bleibt.

Wir erleben, was die Welt durchmacht, Freude und Leid jeweils an unserem Ort im Detail, wie hier in Martinique, an unserer heimlichen oder ausgesprochenen oder aufblitzenden Poetik, etwa die Arroganz der generalisierenden Ansichten über uns, dazu die (staatlichen) Maßnahmen, die insgeheim ebenfalls dieser Arroganz entspringen. Wir erleben den Widerstand dagegen, dass der Samen getrocknet und zerstampft, jedoch nicht für die Aussaat zugelassen wird, dass die Bananenpflanzungen vergiftet sind und das Wasser nicht trinkbar ist wegen der verseuchten Gewässer in der Umgebung.* All das ist nicht zu durchdringen und nicht zu beenden. Aber es betrifft alle, in großer Angst oder großem Glück. Die Literaturen brechen *damit.*

Die koloniale Intervention des Okzidents, mit ihren Entdeckungen und Eroberungen, hat (trotz der ursprüng-

* Trotz hoher Giftigkeit wurde das Insektizid Chlordécone zwischen 1972 und 1993 in den Bananenplantagen von Martinique und Guadeloupe massiv eingesetzt. Das Mittel war schon 1976 in den USA verboten worden, 1990 geschah dies in Frankreich, aber die Anwendung in Übersee setzt sich z. T. bis heute fort. Auf den Inseln wurde der Boden und das Grundwasser kontaminiert, die Lebensmittel enthalten bis heute das Gift, das nachweislich zu Frühgeburten und Krebserkrankungen führt. Anm. B. T.

lichen Absicht dieses Unterfangens, nämlich zu spalten und Grenzen zu errichten) so offenkundig die Sammlung der All-Welt vorbereitet und begünstigt, dass wir vermuten können, sie sei an der Entstehung der Literaturen in der Weltbeziehung beteiligt gewesen. Diese Einschätzung bedeutet keineswegs, dass wir auf eine irgendwie geartete Antidiskriminierungsaktion für die einstige Kolonialherrschaft hinauswollen oder auf eine günstige Bewertung der Phänomene der Kolonisation in ihrer Gesamtheit abzielten.

Jedoch haben die Dekolonisierungsbewegungen in ihren Literaturen noch weitere Abweichungen von der „universellen Literatur" geprägt und gestaltet, die aufeinander zustrebten und alle fraktal waren, bevor sie zusammenfanden. Sie rufen das Denken des Einen und Desselben auf, jedoch um es zu überwinden (die beiden Formen des Denkens hatten hoch über den Kolonisierungen geschwebt und sie angeleitet). Diese Abweichungen *prägen* nun auch unser Bewusstsein von der Diversität, mit allem, was an ihr ungewohnt erscheint, denn sie ist ja versprengt, vielfältig und nahezu völlig unberechenbar. Ein solches Bewusstsein ist von den Umwälzungen und den noch unbearbeiteten Verknüpfungen der Künste nicht zu trennen (das Hereinstürzen der Formen und Farben in die Zwischenräume der Töne, in die Brüche im Kontinuum, so dass wir nicht genau wissen, wo der Sinn und wo der Unsinn ist, oder ob das Unsinnige nicht gerade den Sinn dirigiert). Schließlich steht dieses Bewusstsein mit einigen Denkweisen in Verbindung, die wir schon seit sehr langer Zeit jeden Tag anzuwenden versuchen.

V

Das Archipelische Denken ist ein tastendes Denken, ein Denken des intuitiven Versuchs, das man den Formen des Kontinentalen Denkens beifügen könnte, die vor allem Systeme anwenden. Beim Kontinentalen Denken drängt der Gedanke kühn voran, aber wir meinen dann, die Welt sei ein Block, ein Großes Ganzes, aus einem Guss, eine imposante Synthese, so wie wir bei Luftaufnahmen die Totalansichten des Landschaftsgefüges und des Reliefs vorbeiziehen sehen. Mit dem Archipelischen Denken kennen wir die Steine in den Bächen, bis zu den kleinsten von ihnen, und wir betrachten die Schattenlöcher, die sie zeigen oder verdecken. In diesen Gewässern verstecken sich noch Krebse, die in Martinique *zabitans* heißen (blau-graue Süßwasserkrebse, von Umweltvergiftung bedroht) und in Guadeloupe *ouassous* (Namen aus der Tiefe der Zeit, Namen der Zugehörigkeit). (Ich genieße bereits, indem ich sie erwähne, jeder weiß, wie gut sie schmecken.)

Wir waschen in ihrem Wasser nicht mehr unsere Müdigkeit ab, wir beginnen dort nicht mehr unsere Feste, aber wir vergessen keinen einzigen der Bäche in der Umgebung, zuerst wild, dann verschmutzt, irgendwann versiegt, in ihrem trüben Wasser preisen sie noch zahlreiche ihrer Tiere, die überleben oder aber unerbittlich vom Aussterben bedroht sind.

Der Spruch (der Detail und Totalität verbindet): „Handle an deinem Ort, denke mit der Welt“ und der keine zweifache, vorgefasste Verpflichtung bedeutet, sondern grenzenloses Ausufern, ist heute allgemein verbreitet, man findet ihn auf den Glaswänden der größten Städte oder an den Pfaden der abgelegensten Dörfer, mit der bemerkenswerten Aufforderung, nicht *in* der Welt zu denken, denn das könnte wieder zu Ideen von Eroberung und Herrschaft führen, sondern *mit* der Welt zu denken, mit ihren vielen Beziehungen und Entsprechungen (in aller Unterschiedlichkeit).

Der Ort ist unumgänglich.

(Der Dichter verbreitet diesen Glanz und wehrt sich zugleich gegen die Blendungen, die manchmal von ihm ausgehen), zum einen, weil keiner in der Schwebe oder in Luft aufgelöst leben kann, aber auch, weil ich nie alles von meinem Ort aufnehmen, ihn ganz erfassen oder umrunden kann, denn das hieße, ihn einzusperren. Die Orte wiederholen sich vom einen zum anderen, die Weltbeziehung ist unbegrenzt, auch wenn sie zuallererst eine realisierte (endliche) Quantität der Unterschiedlichkeiten auf der Welt ist. (Selbst in einem kontinentalen Land kamen einst Häresien auf, die abenteuerliche Dialektiken zur herrschenden Totalität bildeten.) Was das bedeutet? Ihr versteht es schon.

*

„Wenn du das Wort findest, grenzenlos und endlich zugleich, an deinem Ort, dann schreist du es heraus bis zum Wahnsinn.“

*

Das Imaginäre meines Orts steht in Verbindung zu der vorstellbaren Realität aller Orte auf der Welt und genauso umgekehrt. Das Archipel ist die Realität an der Quelle, aber nicht die einzige, aus der diese Imaginären entspringen: ein Grundmuster der Zugehörigkeit und der Beziehung zu den anderen. Das Archipel ist fragmentiert, wir gehen sogar so weit wie die Chaosforscher und behaupten, es sei fraktal (wir geben dem Wort zusätzliche, nicht zulässige Bedeutungen), es sei notwendig in seiner Totalität, empfindlich oder eventuell in seiner Einzigartigkeit, zugleich flüchtig und bleibend, ein Weltzustand. Das ansteigende Wasser bedeckt es zuerst. Das Archipel wird demnächst im Meer versinken, für einige von ihnen ist es bereits so weit.

*

Die bedrohte Diversität, wie ein Stück Land, auf dem sich die massive Dauerhaftigkeit der Felsblöcke ausbreitet.

*

Betrachten wir das Archipel als *einen Weltzustand*: Wir stellen fest, es ist der Zustand einer totalen Welt, denn bei der Bevölkerung überall, ob sie nun angestammt oder zugewandert ist, beginnt heute ein Wissen und eine Intuition von der Welt als Archipel, obwohl die Archipele doch bisher immer unterschätzt wurden. (Anlass dafür ist, dass die Menschen heute gleichzeitig im Kontinuierlichen und Diskontinuierlichen leben.) Dieser Weltzustand bedeutet keineswegs eine starre Masse an Festlegungen: Was verschwunden war oder sich gewandelt hat, kehrt zurück und bringt Veränderung. Wir lernen von der Explosion und von den Splittern.

Keiner hatte Archipele als notwendig angesehen. Als sie entdeckt wurden, so heißt es, wurden sie zunächst zu ihrem großen Vorteil für Kontinente gehalten, denn man träumte von Entdeckungen und suchte nach Kontinenten. Nach dieser Enttäuschung stuften die Entdecker die Inseln, diese Stäubchen Erde, dann meist zu einfachen, eher zwielichtigen Landungspunkten herab.

Doch sind die Archipele der eigentliche Beginn oder Vorposten der Kontinente, weil sie vielfach deren versteinerte Ablagerungen ankündigen und von einem nichtimperialen Denken glitzern. Das Ionische Archipel in Griechenland sah lange vor Alexander dem Großen eine Gemeinsamkeit von Orient und Okzident voraus. Die Archipele am äußersten Rand des Pazifiks reisten bis nach Südamerika und stellten an die Spitze ihres idealen Dreiecks den unsichtbaren Ausguck von Rapa Nui, der Osterinsel. Im Archipel Skandinaviens flossen geduldig wartend die Rinnsale der Nordischen Sagen. Die Archipele der afrikanischen Städte und Dörfer sind verwoben und vernetzt durch erbarmungslose Vertreibungen mit Millionen Toten (o Kongo), aus ihnen sollten bald alle Arten von Literatur hervorgehen. Zu den Archipelen des Indischen Ozeans gehört etwa die Insel Réunion, wo hoch in den Arenen der Berge die entlaufenen afrikanischen und madegassischen Sklaven ihre Bräuche vermischten. Nach dem Archipel des Balkans wurde vielleicht zu Unrecht, wie Claudio Magris feststellt, eines der negativsten Verben der Weltbeziehung geformt: „balkanisieren". Das Archipel Indonesiens, das den Tsunamis entgegenblickt. Das Archipel der Karibik, Prolog zu Nord- und Südamerika, mit seinen vielen kreolischen Sprachen. Es sei daran erinnert, dass die Karibische See wegen ihrer Rolle als Durchgang und Einführung im

16. Jahrhundert zuweilen „Meer von Peru“ genannt wurde, obwohl dieses Land doch ganz auf der anderen Seite dieser ungeheuren Landmasse liegt.

Erst viel später drängte sich, noch verstärkt durch die Verbrechen des Sklavenhandels, der Atlantische Ozean als Symbol und Realität der Macht auf. *Der Nordatlantikpakt.* Dieser Ozean ist ein Archipel von eindrucksvoller Masse. Ich habe in einem Vorwort* einmal zitiert, was Gabriel Audisio vor dem Zweiten Weltkrieg leidenschaftlich behauptet hatte: „Das Mittelmeer ist mehr als ein Archipel, es ist ein Kontinent.“ Aha! Ein fröhlicher Gemeinsamer Ort mit der tief verborgenen Wahrheit, dass ein Meer ein Kontinent sein kann. Aber der Kontinent ist nicht „mehr als ein Archipel“, höchstens an Macht und an Ausdehnung, es treffen sich hier nur zwei unterschiedliche Poetiken, mit denen sich im Übrigen Saint-John Perse beschäftigt hat.

Gabriel Audisio kämpfte in den 1930er Jahren gegen die faschistische Auffassung einer „weißen Bestimmung“ des Mittelmeers (vorgeblich alt-römisches Erbe und vermeintlich die unilaterale Basis Europas), von dem die arabischen Völker ausgeschlossen oder zumindest am unteren Ende gehalten werden sollten! Tatsächlich ist erstaunlich, wie das Mittelmeer, das doch so archipelisch war, Ort und Ausgangspunkt so vieler kontinentaler Impulse werden konnte. Während die archipelische Neigung das Diverse auf der Welt unterstützt, zwang die kontinentale Auffassung eine Einseitigkeit auf, die zumeist vom Systemdenken getragen

* In einem Sammelbands mit Artikeln zum Thema der Inseln, der Carminella Biondi gewidmet war und im August 2008 in Italien erschien; Anm. d. Autors

wurde, das sich rasch zu Denksystemen ordnete. Die Stärke des Atlantiks beeindruckte sowohl die Sieger wie die Besiegten auf der sogenannten Mittelpassage, dem langen Weg des Sklavenhandels über den Ozean, der die einen mächtig werden und die anderen untergehen ließ. Der Widerstand der vom Sklavenhandel Verschleppten hatte nicht mit dem Atlantik zu tun, sondern bereits mit ihrer eigenen Diversität, die archipelisch und damit eine neue Art von Schwäche und Stärke war. Der Atlantik ist jedenfalls das ungeheure Mausoleum (dieses Gefühl drängte sich uns so auf, dass wir es bereits in den Anfängen unserer Poetik ausdrücken wollten, beispielsweise im Langgedicht *Les Indes* und mit dem Roman *Die Entdecker der Nacht*) jener Tausenden von Afrikanern, die am Meeresboden, erdrosselt von Ketten und Eisenkugeln, die Fahrrinnen absteckten. In unserer Vorahnung von der Totalität kamen die Stürme des Atlantiks und ihre Gischt vor denen des Pazifiks. Weil der Atlantische Ozean so verdichtet kontinental ist, und der Pazifik so unermesslich archipelisch. Und doch gelangen die westlichen Seeleute an der Spitze von Kap Horn vom Geheul der Südsee in die atlantische Stille. Die Karibische See hingegen fragmentiert in Archipele, ganz ähnlich, aber auch nicht stärker, als etwa der Kontinent Brasiliens. Saint-John Perse hatte im Zwischenraum dieser gemischten Ordnungen ruhig seine Leidenschaften betrieben, während wir in ihrem Inneren unsere Kreolisierungen austoben. Die aktuellen Ereignisse sind die konkreten und lesbaren Echos der unergründlichen und unverständlichen Gemenge aus der ersten Zeit der Erde, als die Ozeane die Kontinente zusammenschoben und erschufen, als das Gedicht und das heilige Sprechen plötzlich wundersam aus sich selbst und aus allen ununterschiedenen, flammenden Dingen auf der Welt hervorgingen: die Ursprungslegende der Dichtung drückt es aus. Und unser Buch ist davon maßvoll erhellt.

So einige ruhmreiche Erfindungen des Kontinentalen Denkens haben durch ihre Kraft, und vielleicht dank ihrer Systematisierungen, den starken Drang und die Eroberungen begleitet, welche dann ihre Regeln aufzwangen. So war jede Kolonie das Experiment in einem System, ein Versuch in einem geplanten Vorgehen, auch wenn es manchmal chaotisch verlief. Und manchmal zeichneten sich im Inneren eines Kolonialkontinents andere, ebenfalls kontinentale Einheiten ab (verschlossen, selbstgenügsam, ohne zu wissen, dass sie von anderen abhingen), wie die Plantagen bei uns oder die *latifundias* in Nord- und Südamerika. Aber es war schon zu spät, sie wurden sogleich archipelisiert (durchmischt, kreolisiert), zumindest wo die Kraft des afrikanischen Bevölkerungsteils sich hielt und auf das Gesamte auswirkte, das davor ein Weltsystem, mithin kein Schwung, kein Lauf, kein Strom und kein Weltzustand war. Gegen derartige aufgezwungene Systeme hat die archipelische Auffassung andere Herangehensweisen und weniger mechanische Gedankenverbindungen hervorgebracht, von denen wir einige schon erwähnt oder vorausgeahnt haben.

*

(Die Ausdrücke *zabitans* und *ouassous* scheinen mir auf sehr vertraute Art zugleich gegen die kraftlosen, gefälligen Ausdrucksformen der Folklore und gegen die farblosen Verallgemeinerungen zu kämpfen.)

VI

Das Denken des Bebens stimmt sich ein auf die Erschütterungen und Erdbeben dieser Welt, wie auch auf die desaströsen Zustände in den Beziehungen zwischen den unterschiedlichen Empfindungen und Eingebungen der menschlichen Gemeinschaften. Möglicherweise versetzt dieses Denken uns in die Lage, das Unentwirrbare kennenzulernen, ohne von ihm belastet zu sein. Im Übergang vom realen Beben zum Denken des Bebens liegt jene Empfindlichkeit, die manchmal ein erratisches System verstärkt, jedoch nicht Anfang und Ende beeinflusst, sondern eine *Schwingung* bewirkt, die nicht endet, also das genaue Gegenteil einer *Insinuation*. In Schwingung sein heißt, die Erstarrung von Situationen zu vermeiden. Das Denken des Bebens entfernt uns von den tiefverwurzelten Gewissheiten. Wir nehmen beispielsweise an, dass dieses Denken einen großen Teil der gegenwärtigen Wissenschaften inspiriert, die man deshalb Chaosforschung nennt. Sie hüten sich vor der Herrschaft des Universellen und wenden sich gegen den Zwang zur Linearität. Über die Chaostheorien (die Wiederholung tut gut) sagen wir, dass sie vielleicht archipelisch sind. Das Archipel ist jedoch kein Chaos, es ist nur unvorhersehbar und in seiner Struktur nicht zielgerichtet.

Weder Körper noch Geist werden wirr oder verlieren den Faden, wenn sie die empfindlichen Kräfte des Bebens nutzen, im Beben ist eine Art Unbewegtheit, die die Lähmung fernhält, und die *Schwingung* (sie ist eine Aktion des Bebens selbst oder aber sie bestimmt dessen Geschwindigkeit, Richtung und vielleicht auch Ausprägung) wirkt in der ruhigen Aktivität, durch die wir mit jeder winzigen Nuance der Weltbeziehung in Berührung kommen. Es handelt sich hier nicht um eine Schwäche oder eine Störung des Gleichgewichts, sondern um ein reales Einstimmen auf die Rhythmen, die wir in unserer Umgebung entdecken.

Denn es ist unmöglich, die Notlagen tatsächlich zu sehen, von denen die Völker in der Weite der Welt betroffen sind, die Länder Schwarzafrikas, Palästina, die Stämme Amazoniens, die Ureinwohner Nord- und Südamerikas, die Sklaven, die Obdachlosen und die vielen anderen, die unentdeckt auf Inseln in unbekanntem Elend dahinsiechen, das gesamte Unglück in seiner Abstraktion (und was wollen Sie schon *sehen*? Was das Objektiv hergibt, lenkt uns eher ab von der Tiefe dieser Höllen, die aus verknäuelten Banalitäten bestehen). Doch das Denken des Bebens eröffnet uns etwas, vielleicht nicht die sofortige Lösung, die durch politisches oder gesellschaftliches Handeln erreicht wird, aber dafür vielleicht eine lange und nachhaltige Wiedergutmachung, die sich im Imaginären aller ankündigt und vorbereitet, wenn diese sich im Austausch verändern (das bedeutet in Wirklichkeit das Beben).

Die Kraft der Imaginären ist eine alltägliche Utopie, sie ist realistisch, wenn sie herausfindet, was über längere Zeit *ein Handeln, das nicht bebt,* begleiten könnte. Dieses Handeln, das nicht bebt, bliebe steril, wenn das Denken der Welt-Totalität, die Beben ist, es nicht unterstützte. An dieser Stelle entfaltet sich die Philosophie ebenso wie das Denken des Gedichts. Unsere Gedichte müssen sich an die Zeit vor allem Bewusstsein und vor allem Sprechen erinnern, als die Welt weder zu Kontinenten noch zu Archipelen ausgeweitet war (sie waren noch nicht entstanden aus den Springfluten und Spaltungen der Hohen See des Einen). Unsere Gedichte erzittern vor dieser Erinnerung an die Ununterschiedenheit.

*

Es ließe sich vielleicht feststellen, dass zahlreiche dieser Aussagen so radikal sind, weil sie aus dem Kontinentalen Denken hervorgingen, das sie eigentlich ablehnen wollten, und dass ihre Niederschrift sich dann als schroff, schwer zugänglich und bebend erwiesen hat: als Archipel.

VII

Das neue Denken von den Grenzen sieht Grenzen als etwas Unerwartetes, auf das wir stoßen, und das zwischen Realitäten unterscheidet, doch ist der Zweck der Grenze nun, diese Realitäten in Verbindung zu bringen. Die Grenze dient nicht mehr der Verhinderung, sie soll nicht mehr das Verbot aufspalten, um es noch zu verstärken. Die Idee der Grenze hilft uns, den Geschmack der Unterschiedlichkeiten zu wahren und zu genießen, wenn sie sich eine der anderen anfügen. Eine Grenze zu passieren bedeutet daher, eine Lebendigkeit aus der Realität völlig frei mit einer anderen zu verbinden. Wir erfahren daraus eine neue Geographie der Landschaften, etwa, dass diese nicht mehr bloß den Hintergrund bilden, selbst wenn sie sich gut dazu eignen, und dass sie auch keine Ödnis sind, die in ihrer Besonderheit nie eine Preisung verdiente. Die Landschaften sind echte Figuren, die im Drama unserer Beziehungen zum Anderen mitspielen. Vom Geheimen der Landschaft in der Nähe zur Helligkeit in der Ferne. Grenzen zwischen Orten, die sich zu Archipelen gruppieren, sehen keine Mauern vor, sondern Durchgänge, Passagen, wo die Empfindungen sich erneuern, wo das Universelle sich wandelt und wo die Unverständlichkeit von Werten akzeptiert wird, nachdem man sie sich gegenseitig zugesteht. Jeder Wert erhält durch den anderen Geltung, so dass das Denken der Welt (der Gemeinsamen Orte) endlich in der Luft zirkuliert. Grenzen ohne Mauern, Schranken und abschreckende Kontrollen werden lebendig; nachdem ihre alten Rechte hinfällig sind, loben die Menschen die Grenzen, die sie passieren.

Bevölkerungen, die schon lange *an* einer Grenze leben, schwanken zwischen zwei Haltungen, die eine ist extrem, indem sie den Nationalismus der Zentralgewalt noch steigert: Die Stufen des Imperiums sind nicht gastfreundlich und die Markgrafen die schlimmsten Streithähne der Intoleranz. Oder aber diese Bevölkerung nimmt an beiden (und mehreren) Realitäten teil, die über ihren ausgeweiteten Grenzen liegen, diese Leute werden bereitwillig zu Schleusern, zu Schmugglern allemal. Glücklicherweise. Wegen dieser Ambivalenzen erscheinen die Leute an den Grenzen (an den natürlichen, die als unüberwindlich gelten) vielleicht streng, oder schlau, selbstunsicher, aber sie schlagen sich immer auf eine Seite. Dagegen würde eine Grenze, die man über ein Archipel zieht, sich wohl nicht ernsthaft halten können. Die langlebigsten Grenzen trennen Brüder und Verwandte und rühmen sich winziger, doch unüberwindlicher Traditionen: Die zwischen benachbarten Dörfern sind berühmt. Die ungerechtesten Grenzen wurden von Eroberern gezogen und schneiden Häuser und Gärten durch, machen Verwandtschaftsbeziehungen auf beiden Seiten unmöglich. Grenzen, die Einwanderer abhalten sollen, sind die schlimmsten.

Was geht von den Ländern, den Landschaften aus? Wir beobachten, dass manche Menschen nach einem Sicherheit spendenden Gleichmaß streben, wo die Saat die Ähre hervorbringt, andere dagegen neigen zur Grenzenlosigkeit der Sinne, bis ihnen schwindlig wird, tauchen in die Gischt, in Tropfen des Wassers und des Lichts, während sich andere am Wirbeln der Blätter und schwarzen unfällbaren Wäldern berauschen, mit Lichtungen, die heller sind als ein großer Schwarm Glühwürmchen, wieder andere strömen in Dörfern und Städten zusammen, leben enger gedrängt als zwischen Einbanddeckeln hinter ihren verborgenen oder hängenden Brücken: Doch die Zeiten gehen mit gleichbleibender Beständigkeit über sie und so ungleiche Lebensbedingungen hinweg. Wir sehen ein, dass die Zeit der Gärten im Eis nicht die Zeit der Plantagen in der Wüste ist oder die der Reisfelder oder des messerscharfen Zuckerrohrs, das süß ist und bitter, und dennoch ist auch hier *die* Zeit dieselbe, die Zeit der grenzenlosen Weltbeziehung. Die Länder und die Landschaften regen Männer, Frauen und halbnackte Kinder an, von dieser zusammenströmenden Vielfältigkeit zu träumen und die ungeahnte Freude der Grenze zu genießen. Wenn die Grenze sich im Wandel fortsetzt bis in die unendliche Weite, dann möchten sie gerne hinüber gelangen.

*

Durchs Feuer. Durch das Eisen. Durch die unsterbliche Erde.

VIII

Das Denken der Irrfahrt ist nicht etwa das in die Irre gehende Denken der Vereinzelung, sondern das Denken unserer nicht geplanten Zusammenschlüsse, mit denen wir von den absoluten Festlegungen des Seins zu den Variationen der Weltbeziehung unterwegs sind, wo *das Sein-als-Seiendes* in der Ununterschiedenheit von Essenz und Substanz, von Bleibe und Bewegung erkennbar wird. Die Irrfahrt ist keine koloniale oder wissenschaftliche Forschungsreise, auch nicht das Verfallen in ein zielloses Umherirren. Die Irrfahrt kann unbewegt sein und doch mitreißend.

Die Welt, unmittelbar, unbekannt.

Mit dem Denken der Irrfahrt lehnen wir die einzige Wurzel ab, die um sich herum alles abtötet: Das Denken der Irrfahrt ist das Denken der solidarischen Verwurzelung und des Rhizoms. Gegen die Krankheit des Identitären aus einer einzigen Wurzel bildet dieses Denken stets die unendliche Leitlinie der relationalen Identität. Die Irrfahrt ist ein Ort der Wiederholung, wenn diese die winzigen (unendlich vielen) Variationen aneinanderreiht, die jedes Mal dieselbe Wiederholung als einen Moment der Erkenntnis unterscheiden. Die Dichter und Geschichtenerzähler widmen sich instinktiv der schwierigen Kunst der Auflistung (des Anhäufens von Variationen), bei der wir sehen, dass die Wiederholung keine nutzlose Doppelung ist.

Wenn die Irrfahrt in dieser Weise die Weltbeziehung herstellt, berührt sie den Bereich der Philosophie, einer Philosophie der Weltbeziehung, die nicht nur als Kunst der Irrfahrt zu denken wäre, sondern buchstäblich als unstete Philosophie, deren Pole und Punkte des Austauschs unablässig in Bewegung sind.

An dieser Stelle erzittert das Sein, nur für uns, es wird zum Sein-als-Seiendes. Wir müssen uns an die Ansicht gewöhnen, dass die absolute Festlegung des Seins ihren Wert aus dem Kontinentalen bezog. Die Stärke des Kontinentalen lehrte die Sublimierung, was durch die Masse der Gebirge wohl begünstigt wurde (aber wenn hier, heute, die Kontinente sich archipelisieren, sich kreolisieren, dann begeben sie sich in das Eine ihrer Aufsplitterung).

Wir müssen uns auch an folgende weiteren Ansichten gewöhnen,

dass die Varianten der Weltbeziehung mit den Archipelen noch zunehmen,

dass die Erkenntnis viel eher unstet ist als universell,

dass sie buchstäblich von Ort zu Ort vorgeht,

(dass die Orte der relationalen Erkenntnis sich untereinander allmählich kennenlernen, dabei das Werk der Eroberungen kurzschließen):

dass die Erkenntnis sich verstärkt und befreit (indem sie intensiv diversifiziert wird), weil sie in dieser Weise vorgeht.

IX

Das Denken von den Kreolisierungen benennt das Unbeschreibliche in den Beziehungen zwischen den Kulturen mit ihren vielen unerwarteten Weiterungen, worin sich die Kreolisierung so stark und grundsätzlich von der einfachen Hybridisierung unterscheidet. Aber wir (in unserem ethnischen, sozialen, kulturellen, kontinentalen oder archipelischen Zusammenhang) begreifen diese unerwarteten Folgen zunächst nicht, die das Ungewisse der Weltbeziehung einleiten.

Doch hatten wir schon länger begriffen, dass es sich bei der Kreolisierung in den Beziehungen zwischen den Kulturen nicht um Hybridisierung handelt oder um einen *melting pot*, auch nicht um mechanischen Multikulturalismus. Die Kreolisierung ist ein Prozess, in dem es nichts Starres gibt. Eine besondere Alchimie der Kreolisierung vollzieht die Mischung immer weiter, auch wenn sie aus ihr hervorgeht. Daher habe ich dieses Wort vorgeschlagen, das ganz natürlich (oder heftig) überall aufgenommen (willkommen geheißen) wurde, um die eintretende Realität zu beschreiben.

Ich hatte vermutet, dass eine kreolische Sprache – weder ein Dialekt noch ein Patois noch eine geniale und aggressive Verformung einer Herrschaftssprache – die unvorhersehbare, unvorhersagbare, funkenschlagende Resultante der Begegnung einander vollkommen heterogener linguistischer Gegebenheiten (in Lexik, Syntax, Redeweisen) an einem bestimmten Ort zu einer bestimmten Zeit darstellt, und dass die Resultanten daraus unvorhersehbar sind. Dass also die Kreolisierung der Kulturen mit ihren so unterschiedlichen Eigenschaften zusammenhängt und nicht mit einer essenziellen Eigenheit des Kreolischen. Wenn Länder sich kreolisieren, werden sie nicht kreolisch wie beispielsweise die Bewohner der Antillen, sondern treten gemeinsam in die Unvorhersehbarkeit ihrer Diversität ein, allerdings geschieht dies manchmal unter dramatischen Umständen.

Während Rassenmischungen sich mechanisch vollziehen können und ihre Begleitumstände, etwa des Zusammengepferchtseins und der Enge, zu einer Erstarrung beitragen können – es ist nicht häufig, kommt in der Realität aber manchmal vor –, werden die Kreolisierungen *immer zu einem Wandel führen.*

In der Kreolisierung löst sich keiner der Bestandteile mehr in anderen auf, die sich etwa aggressiver und mächtiger herausbilden. Wir beobachten außerdem ein interessantes Paradox: Im Vorgang der Kreolisierung verschwinden die Kreolsprachen nicht allmählich. Selbst unter den hinderlichen Bedingungen eines nicht produktiven Sprachgebrauchs wuchern sie vielmehr in- und umeinander, verstärken sich gegenseitig und bewahren mit allen zusammen ihr Aufblitzen, ihre Unvorhersehbarkeit, ihre Unvorhersagbarkeit. Offen für alle Winde.

Die Kreolisierung ist keine beliebige (uniforme) Vermischung, wo jedes Einzelne verloren geht, sondern eine Reihe überraschender Lösungen, deren fluide Maxime so lauten könnte: „Ich verändere mich im Austausch mit dem Anderen, ohne mich zu verlieren oder zu verfälschen." Wir müssen dieser Maxime häufig zustimmen und sie stets anbieten.

Diese Gedanken liegen vermischt im verborgenen Dunkel des ersten Gedichts, sie befördern unaufhörlich gewichtige, klare und deutliche Ansprüche in eine sich öffnende Weite.

X

Das Denken der Unvorhersehbarkeit (während eines Vortrags erinnerte mich ein Zuhörer einmal daran, dass Heraklit bereits eine Vorstellung vom Unvorhersehbaren, vielleicht auch vom Unvorhergesehenen hatte, ähnlich wie Leukipp und Demokrit vom Atom). An dieses Denken müssen wir uns gewöhnen, um das Unvorhersehbare von dem ineffizienten Durcheinander unserer Umgebung zu unterscheiden und um der lähmenden Betäubung zu entkommen, die uns in den Pandemien und Wirren der Chaos-Welt befällt. Wir stellen fest, dass die alten Geschichten der bekannten Welten Vorhersehbarkeit anstrebten, so als hätte sie jemand diktiert. Der Grund dafür ist, dass diese Welten die Eine Welt noch herstellen mussten, die sich heute von sich aus verwirklicht: Inzwischen braucht sie die Energie der Vorhersehbarkeit nicht mehr. Heute kann auch die Dialektik nicht mehr erfassen, was wir das Reale nennen, solange sie grundsätzlich an ihren Zwiespältigkeiten festhält, wie Für und Wider, Positiv und Negativ, Herr und Sklave, das Sein und das Nichts. Die menschlichen Gemeinschaften von heute rufen nach unerwarteten (wilden) Dialektiken der Vielfältigkeit.

Unvorhersehbarkeit ist nicht gleichzusetzen mit dem Unvorhergesehenen, sie bietet sich vielmehr als Perspektive an und ist als solche zu beschreiben, während das Unvorhergesehene als Konsequenz und Ergebnis eintritt. Jedoch nicht als Ergebnis der Unvorhersehbarkeit. Eher als Resultat von etwas, das fehlt, eines Nichts, bei dem weder das Vorhersehbare noch das Unvorhersehbare eintritt. Das Unvorhergesehene, die Überraschung des poetischen Schreibens entsteht in dieser Schwebe, ganz unabhängig davon, ob rhetorische Mittel es vorbereitet haben („ein großes, aus dem Nichts gekommenes Gedicht" wie Saint-John Perse sagte, wobei nicht der Inhalt gemeint war, sondern die Umstände seiner Entstehung).

Das Denken der Unvorhersehbarkeit lässt uns die tiefen Verunsicherungen vermeiden, welche das Unerwartete der Welt in uns auslöst, es befähigt uns außerdem, immer erfinderischer zu sein in einem kontinuierlichen humanen Handeln, wenn diese Realität hereinbricht. Das Genie der Gene in lebenden Organismen ist bereits auf den Ansturm des Unvorhersehbaren eingerichtet und macht sie sich zunutze. Hingegen sind die Ergebnisse der Rassenmischung zuweilen vorhersehbar, sie unterstützt im Übrigen nicht immer von Anfang an das Wirken des Unvorhersehbaren in der Welt. Die Kreolisierung tut es in jedem Fall.

XI

Das Denken von der Opazität der Welt, am anderen Ende dieser sich abspulenden Darstellung, meint eine Opazität, die nicht definiert und über die nichts ausgesagt werden kann.

Das Recht auf Opazität zu begrüßen und daraus einen anderen Humanismus zu gewinnen, heißt indes auch, die in der Weite gefundenen Wahrheiten nicht auf das Maß einer einzigen Transparenz zu reduzieren, die mir gehört und die ich durchsetzen will. Im Übrigen stiftet dies den Gedanken, dass das im Dunkel bleibende Unentwirrbare auch über Klarheiten herrscht, die nicht maßgeblich sein wollen.

Der undurchschaubar bleibende Anteil zwischen dem Anderen und mir, den wir einander gewähren (denn es besteht keine Apartheid), vergrößert seine Freiheit, bestätigt meine Entscheidungsfreiheit, und wir befinden uns in einer Beziehung des reinen Teilens, in dem Austausch, Kennenlernen und Respekt bedingungslos, *selbstverständlich*, sind.

Denn du hast das Recht unverständlich zu sein, zuallererst für dich selbst.

*

Opazität bedeutet nicht Regellosigkeit, sie hat ihre eigene, nicht aufgezwungene Transparenz, die nicht jeder sofort zu empfinden vermag. Im variablen Spiel der Archipele wird jede Beziehung *zunächst einmal* weit und hell. Die Opazität empfängt und sammelt das Geheimnis und die Einsicht aller Poetiken, das heißt, sie nimmt jedes Detail von den Orten der Welt auf, ohne sie je herabzusetzen und ohne sie auf eine Einheit reduzieren zu wollen. Die Opazität führt nicht dazu, dass sich eine Essenz in Selbstgenügsamkeit zurückzieht. Sie kündet von den vielschichtigen Dimensionen des Seins-als-Seienden in dem zugänglich gewordenen Raum der Möglichkeiten, sie ist ein Blitz, der verweilt und verlischt. Poesie. Was daran vielschichtig ist, bildet kein unüberwindliches Dunkel und die Philosophien der Weltbeziehung zeigen sich zuerst in ihrer Vielfältigkeit, so dass wir ebenso gut Philosophie wie Philosophien der Weltbeziehung sagen können. Die Opazität ist eine Eigenschaft des Seins-als-Seienden, der die Philosophie Rechnung trägt, ohne sie zu erklären.

*

Es gibt keine Landschaft, die nicht auch dunkel wäre hinter ihren einladenden Transparenzen, wenn du sie endlos ansprichst.

*

Ich habe diesen Baum der Reisenden berührt, den ich in der letzten Trockenzeit umgepflanzt hatte. Der Zyklon Dean hat seine Zweige weggerissen. Ich sprach leise mit ihm. In einer Woche sind ihm blitzschnell blassgrüne Blätter gewachsen. Ich befehle ihm nicht, er leiht von mir und gibt zurück. Er steht dem Fels des Diamant gegenüber.

XII

Das Denken der Weltbeziehung, wir kehren am Ende der Liste zu dieser Denkweise zurück und damit zu allen glanzvollen Dingen, die zugleich verbinden, Beziehung herstellen und erzählen. Dieses Denken vermengt nicht etwa Identisches, es unterscheidet vielmehr zwischen Verschiedenheiten, um sie besser aufeinander abzustimmen. Das Unterschiedliche lässt jede Ausgrenzung, jeden Rassismus wegen ihrer Eindimensionalität zu Staub zerfallen. Die Verbindung in der Weltbeziehung wird zunächst über die Aufreihung der Bezüge zwischen den Differenzen hergestellt, wenn sie einander begegnen. Die fortlaufenden Wurzeln (Rhizome) der Ideen, der Identitäten und Intuitionen sorgen dann für ihre Verknüpfung: In ihnen entdecken wir die Gemeinsamen Orte, und wir ahnen schon, dass wir sie teilen. Wir sollten darauf achten, dass auch unser Schweigen spricht, und dass das Gedicht schon wächst in der Anordnung der Wörter.

Die Poetiken stellen Beziehung her, sie erzählen keine Geschichte, sie sagen. Die Weltbeziehung wird stärker, wenn sie (ge-)sagt (wird). Was sie von sich und aus sich heraus erzählt, ist keine Geschichte (oder die Geschichte in Großbuchstaben), sondern ein Weltzustand. Eben dies spiegeln die Geschichten der Völker wider, und zwar jede von ihnen. Die Beziehung ist keine Erzählung und der Weltzustand erscheint nicht so, als könnte er von einer Fiktion erschlossen werden. Ein Gedanke, der uns erzittern lässt.

Stellen Sie sich vor, dass die Schönheit aus den Verknüpfungspunkten dieser Wandlungen entsteht, und dass die Ästhetik, oder was wir so nennen, dabei wohl vor allem in einer nicht normativen Betrachtungsweise liegt: Die Ästhetik folgt der Spur jener Orte, wo Verschiedenheiten sich gegenüberstehen und aufeinander abstimmen.

Für uns zeigt sich nun, dass die Weltbeziehung keine Moral hat, sie schöpft Poetiken und schafft eine Anziehungskraft zwischen den Unterschiedlichkeiten. Zum ersten Mal in ihrer Geschichte stehen die menschlichen Gemeinschaften allein vor dieser schreckenerregenden Präsenz. Sie müssen aus sich heraus ihre Ethik erschaffen oder, etwas einfacher, ihre Moral, und können sich dabei nicht mehr von einer Vorsehung lenken lassen. Sie können diese Ethik auch nicht mehr aus den Einstufungen der Geschichte ableiten, welche die Kollektive einander erzählt haben (die „Moral" von der Geschichte). Und sie können sich nicht, wie bisher, nach Fiktionen richten, die sie einst um ihre systematischen Auffassungen von der Welt und ihre Vision von ihrer eigenen Natur aufgebaut hatten, und zwar mit dem einzigen Ziel, die eigenen Ethiken oder im Alltag, die eigene Moral, durchzusetzen und zu legitimieren.

Die Weltbeziehung gibt keine Moral vor, es liegt allein an uns, in einer angsterregend autonomen Anstrengung des Bewusstseins und unserer Vorstellungen von der Welt eine Moral in sie hineinzutragen. Das moralische Verhalten tut sich schwer, weil es sich nicht mehr nach dem richten kann, was wir uns in Geschichten erzählt haben, sondern direkt aus der Ästhetik (der unverstellten oder imaginären Sicht) einer Welt hervorgehen soll, die wir gemeinsam, unmittelbar und dazu meist als Chaos erleben. Was wir von der Welt nicht wissen, bildet eben den Teil, den wir als Einzelne aus unserer moralischen und politischen Erkenntnis erschließen müssen, und doch wird nur das Handeln, das daraus folgt, am Ende von uns überleben.

Eine derart autonome Ästhetik weist auf eine Ethik voraus und drängt dazu, moralische Verhaltensweisen zu definieren. Sie ermöglicht es uns aber auch, in der Kunst Leistungen zu vollbringen, die Zeichen und Zeugnisse für das Filamentwerk der Welt sind (aus diesem Grund nennen wir die Künste einfach *Literaturen*, als Gattungsbezeichnung). Obwohl sich diese Schlussfolgerungen, die künstlerische und die moralische, zur gleichen Zeit ergeben, bleiben sie füreinander verborgen, lassen sich nicht voneinander ableiten, ja sie empfehlen sich nicht einmal gegenseitig.

Die essenzielle Einsamkeit beim künstlerischen Ausdruck wie bei der ethischen Entscheidung wirft ein Licht auf die Verantwortung, die jeder Gemeinschaft, aber auch und vor allem jedem Individuum, in seiner Gesellschaft oder in der Welt-Totalität auferlegt ist. Je mehr das Gewebe der Weltbeziehung sichtbar und wirksam wird, sich ausweitet bis zur Berücksichtigung aller Differenzen auf der Welt, ohne eine einzige zu vernachlässigen, umso größer wird der Raum der Freiheit für den Einzelnen. Und desto zwingender drängt sich ihm diese Verantwortung auf. So kommt es, dass er einen sozialen Tod stirbt oder sein Leben hingibt für diese Freiheit, die ihm nun vorgezeichnet und auferlegt ist. Manche Moralsysteme haben in absurder Weise die Eigenverantwortlichkeit des Armen und Mittellosen für sein Schicksal behauptet (im Puritanismus, der von seinen Anfängen her bereits kapitalistische Züge hat, ist Geldbesitz Beweis für die Tugend).

Es gibt einige Kollektive, die unter der lähmenden Wirkung von Kolonisierung und Dekolonisierung gelitten haben. Besonders wenn es bei ihnen zu Störungen des historischen Gedächtnisses kam, weil es verfälscht oder ausgelöscht wurde, erweist sich der Zugang der Einzelperson zur Gemeinschaft als schwierig oder bleibt unverständlich. Vermutlich ist dies der Grund für den Rückzug auf sich selbst oder die Sinnlosigkeit scheinbar nicht notwendiger Migrationen, die wir häufig beobachten.

Die persönliche, individuelle Biographie, etwa des Dichters, vermischt sich dann mit den anderen, geht unter, oder aber *findet sich* in der Aufgabe, die Biographie dieses unterdrückten Kollektivs zu schreiben. Denn jeder Einzelne kann seine persönliche Biographie aus einer kollektiven Geschichte herauslösen oder in sie einfügen. Es handelt sich dabei um eine Geschichte, die wiederhergestellt oder zurückgewonnen, das heißt, absolut neu begriffen werden muss, vor allem im Verhältnis zur konventionellen, okzidentalen Form von Geschichte (in Großbuchstaben), die als eigene Gattung gilt.

An die Stelle der systemischen Auffassung dieser Historie ist heute vielleicht schon, ohne dass wir es bemerkten, die archipelische Präsenz aller Völker mit ihren Geschichten getreten, die eng verbunden sind, sich gegenseitig erhellen und nie eine Gattung, eine Geschichtsgattung bilden werden, weil sie vielfältig divers sind. Theorien können bestimmte Bereiche besetzen, doch sprechen Gattungen nicht unbedingt für ihre Gültigkeit. Zuweilen schaffen Theorien eigene Gattungen, es kam aber auch schon vor, dass eine Geschichte erzählt wurde (beispielsweise die der arabischen Kulturen), ohne die Obsession, die Historie bis ins Extrem einer Gattung zu treiben. Eine Philosophie von der Geschichte (etwa die Ibn Khalduns) schottet sich nicht ab. Eigentlich müsste man die vielen nicht-absoluten, fernen Wahrheiten miteinbeziehen! Aber vielleicht wäre es von höherem Reiz und größerer Schönheit, sich zu einem Lehrling der verbundenen Geschichten zu verjüngen, anstatt der alte Praktiker der Historie mit ihrem Regelwerk zu bleiben. Diese Frage drängt sich mir zuweilen auf.

Da die Arbeit der Historiker, Soziologen und Psychologen im Sammeln, Anhäufen, Interpretieren besteht, wobei sie teils Collagen, teils Synthesen bilden (was nicht immer zusammenpasst), sollte es für sie kein Problem darstellen, dies nun mit unvorhersehbaren Hypothesen fortzusetzen. Diese Arbeit hat allerdings nur dann einen Sinn, wenn sie nicht zum Vorwand dient, die Vervielfältigung der Sache Geschichte in der Sache Welt zu verhindern. Denn es handelt sich um Dinge, die nicht verdinglicht werden können.

In unserem Mittelmaß verwechseln wir häufig die Schönheit, die für uns der Gemeinsame Ort ist, wo sich Differenzen begegnen, mit dem spektakulären Schönen, das noch stets Erstarrung bedeutete. Diese Erstarrung des Schönen erfahren wir heute entweder als geordnet oder als ausschweifend, je nachdem, ob wir von Staunen oder einem Schwindel ergriffen werden, angesichts des reißenden Stroms der Trugbilder von dieser Welt, mit ihrer Schnelligkeit, ihren unabwendbaren Brüchen, ihren unverschuldeten Brutalitäten. Das Schöne im Chaos deutet dabei die von der Schönheit ausgelöste Ergriffenheit an, aber sie tut das sehr mechanisch. Hier ist das Schöne Ausfluss eines Systems, sein Taumel ist weder Verheißung eines Zustands der Reife noch das Versprechen einer überwältigten Einsicht, eines Irreseins in der Erfüllung. Die Verdoppelungen und quälenden Wiederholungen dieses spektakulären Schönen decken nie etwas auf. Die Rhythmen wiederholen sich nicht wirklich, sie sind von neutraler Redundanz (sie genügen, um uns zu zerstreuen und einzuschläfern). Im Übrigen gehorcht das Schöne hier stets einer Regel, diese verschwindet nie hinter der Materie.

*

Ein Kiesel, der in klarem Wasser liegt und schöner wird, wenn es ihn bricht, erreicht doch nie die Schönheit von einem brennenden Fels.

*

Der weitverbreitete Taumel unserer Zeit ist nicht die Freude an Formen und Inhalten, an Geschmack und Sensibilität, sie geht lediglich hervor aus dem Wettlauf der Welt und könnte seinem Schwung nie Einhalt gebieten, der ohnehin kein Ende zu nehmen scheint. Das alles würde uns nie auf einen Mangel hinweisen, es würde der Schönheit nichts anhaben können und das Bild der Schönheit nicht herabsetzen. Wenn wir uns nur nicht daran gewöhnten, wenn wir nur der müden Mechanik dieser Gewalt und der Erstickung dieser quälenden Verdoppelungen entgehen könnten: Jedoch wir erliegen ihnen in einer starren Faszination.

Ein Taumel, der nichts vom Unmaß enthüllt in all dem Unmaß der Welt. Nein, diese Ausschweifung hat nichts vom Unmaß, das so produktiv sein kann. Sonst würde sie es wagen, zu sammeln, was auf der Welt (mit der Betrachtung der Totalität aller Differenzen) im Einzelnen und Partikularen maßvoll und was überbordend ist, und damit zur Diversität beiträgt.

Die Ströme des Wassers, des Feuers, der Erde und des Bluts, die wir Geschichte (in Großbuchstaben) nennen, oder die Geschichten der Völker, fließen ausnahmslos alle zusammen, um allmählich das Bild der Schönheit herzustellen, in einer festgelegten Erhabenheit des Schönen oder aber, um sie in einem großen Wirrwarr der Darstellungen zu vermengen, die sich selbst nicht erkennen. Von diesen Festlegungen zu dieser Unordnung weicht der Weg von sich selbst ab. Die Auflösung dieser Missbildungen ist Ziel und Streben der Künste (Literaturen).

Wir verwechseln manchmal die Geschichte, die Art und Weise des Seins oder die Realität *in* der Geschichte (in Großbuchstaben) mit der Erzählung der Geschichte und der Geschichtstheorie.

Wir verwechseln auch, und bis heute, die Aufgabe der Literaturen mit der Freude am Erzählen oder dem Vergnügen an der Fiktion, wobei die Geschichte häufig nur einladendes Beiwerk und womöglich trügerisch ist. Die Macht, Geschichte zu machen (man sagt sogar von einem Offizier, der eine Schlacht gewonnen hat, er habe Geschichte *geschrieben*), verleiht in der Auffassung der Eroberer oder in ihren Träumen offenbar das Privileg, sie zu erzählen. Inzwischen wurde dieses Privileg als lächerlich erkannt, und dennoch erzählen wir uns immer noch Geschichte (die laute Geschichte der Herrschenden, gegen erlittene, halb verstummte Geschichten, sowohl die Darstellung von Siegen als auch von Leidensgeschichten hat jedoch die Analyse der Ursachen getilgt), wir kommen von allen Seiten, aus allen Glaubensrichtungen, ohne etwas von unseren Vorurteilen aufzugeben, nur weil wir uns diese schwierige Aufgabe des Erahnens, des Lesens der Welt, ersparen wollen.

Eine Vorahnung oder ein Vorwissen von der Weltbeziehung, die sich ankündigt, wird stets ungewiss bleiben, aber wir sollten die Einladung dazu immer annehmen, unterschiedslos ein Bündnis mit Archipelen und Kontinenten schließen (*dort, bei den Kontinenten,* die systemische Pracht der Vorstellungen einbeziehen und *hier, im Archipel,* die versprengten Glanzsplitter des Imaginären), und dabei endlich ihre stets bedrohten Poetiken aufnehmen, von denen eine die andere durchblicken lässt (Victor Segalen sah ihn bereits, den Übergang vom Empfundenen zum Erahnten, vom Genuss zur Vision, von den intimsten Gedanken zum fernen Stern).

XIII

Das *Denken der Spur* am Rand der verlassenen Felder der Erinnerung, es nimmt die gemeinsamen Gedächtnisse der verschiedenen Teile der All-Welt auf. Das Denken von den *Sprachen und den Ausdrucksweisen*, das so entscheidend ist für das Spiel der Imaginären aller Menschen. Ich schreibe in der Gegenwart aller Sprachen der Welt. In dieser Gegenwart erklingen Echos vom Unergründlichen und Verschwiegenen einer jeden von ihnen. Das Denken des *Diversen*, unser unendliches, quantifiziertes Rhizom. Das Denken der *Mondialität*, das wir ständig herbeirufen, aus Angst, die Mondialität nicht von der Feuerwalze unserer zerstörerischen Globalisierung unterscheiden zu können. Das Denken einer *Identität aus der einzigen Wurzel*, die alles um sich her abtötet, oder aber sein Gegenteil, das Denken *einer beweglichen Identität*, die nicht zum Einen und Einzigen strebt. Jede dieser Denkweisen wird stark durch die andere, das Hier stärkt sich durch das Anderswo. Das Denken der *alteingesessenen Kulturen*, die in tödlicher Weise die Legitimität und das Territorium errichtet haben, und von den *zusammengesetzten Kulturen*, die ihre Digenese ständig anderen gegenüberstellen und mit ihnen zu wilden Ursprungsmythen vermischen.

Aber auch, abseits der unzugänglichen Städte, *abdriftige Hügel, eingebrochene Erdmassen, Felsen im Meer, die keiner umrundet.*

XIV

Was ist also eine Philosophie der Weltbeziehung? Unmöglich, wenn sie nicht die Form einer Poetik annimmt.

Wir haben uns dazu hinreißen lassen, die lange Liste unserer Eingebungen anzuhäufen, mit dem Risiko, uns selbst zur Verzweiflung zu bringen. Wie ich, als ich diesen Text viermal niederschrieb. Doch eine solche Anhäufung ist nicht von Dauer, noch immer umgibt uns die Schnelligkeit der Welt, wir haben keine Zeit *und wir müssen alles auf einmal sagen.* Wenn wir uns dann zurückziehen oder uns Zeit lassen möchten, um neue Situationen in Ruhe zu überdenken, sie auf eine Art und Weise zu organisieren, die wir Philosophie nennen, das heißt, ein nicht-systemisches System sehr vieler Fakten und ihrer hochdramatischen Verknüpfungen, wird uns die Geschwindigkeit, das Unerwartete einholen und mitreißen. Unsere Einsamkeit kann nur dann für unser Unternehmen fruchtbar sein, wenn es ihr gelingt, diese Umwälzungen, dieses Hineingerissenwerden mitzudenken. Eine Poetik, und zwar jede von ihnen, ist im Gegensatz dazu bereits erster Zugang, unmittelbare Teilnahme an der Unentwirrbarkeit. „Einsam und solidarisch", wie Albert Camus gesagt hat. Die Poetiken bringen uns allem näher, versetzen uns in die Lage, uns von den globalen Anschauungen oder vom großen Ganzen der Synthese zu lösen, die uns in der Illusion festhalten, das Chaos der Welt wäre in den Griff zu bekommen. Die Poetiken helfen uns außerdem, dass uns nicht ein Schwindelgefühl überfällt vor den unendlichen Details des Diversen, *sondern dass wir Teil von ihm werden.* Indem wir unter den Steinen unserer Bäche nachsehen, indem wir von Fels zu Fels springen in der Zeit.

Die unendliche Diversität wird anderswo aufgerufen, erzählt oder illustriert, aber sie wird nur im Gedicht ausgedrückt. Warum? Weil inmitten dieser uferlosen Verblendung das poetische Sprechen plötzlich aufblitzt mit der Wiedererinnerung an die Erdmassen, die einstürzen, und weil es innehält unter dem Laubwerk der Wälder, die zugleich Höhlen und Licht sind, ein Drinnen im Draußen. Das Gedicht flutet auf diese Weise das Dunkel mit Helligkeit und wiederholt darin die Geste der ersten Zeit. Das Gedicht ist (besingt) die Einzelheit und verkündet zugleich die Totalität. Aber es ist eine Totalität der Differenzen, die niemals herrschen will. Aus dem gleichen Grund, nämlich indem es die Spur des ersten Gedichts der Welt anspricht, erscheint (durch eine nicht auszudrückende, nicht wahrnehmbare Dialektik) die Lektüre, das Anhören oder auch nur das Erwähnen eines Gedichts, mitten im Sog der unentwirrbaren Nachrichten und dem Durchbruch unvorstellbarer Techniken, für jene Leute qualvoll, die nichts anderes mehr sehen oder hören wollen als das, was sie ungestraft Realität nennen. Das Anhören eines Gedichts, das die Spur der allerersten Dichtung auf der Erde verfolgt, erscheint solchen Leuten als unnütz und abwegig, da sie umgeben sind von der Überstürzung der Techniken und dem Drang zur Einsprachigkeit, wo es keine Ablenkung gibt und wo die Angst nie schwindet.

Diese Entwicklungen lassen, wir spüren es deutlich, den anderen Teil der Realität außer Acht: das Leiden, die Massaker, die Hungersnöte, die Epidemien, die Erschöpfung und die Ausgrenzung vieler Völker und Individuen. Das nicht endende Elend, das noch schlimmer ist als die Massaker. Dazu die Zerstörung großer Gebiete überall auf der Welt, die verschacherten Urwälder und die zugeschluchteten Flüsse, Meere, die verdunsten und Meere, die zu Abgründen werden, Berge, die man schleift, Städte, die mitsamt ihrem Umland nur noch eine einzige unbeschreibliche Brache sind, verrinnende Pfade und blind endende Straßen, die ritualisierten, weltumfassenden Massaker an Kindern. Alldem schauen wir pausenlos zu, es wird immer noch als Aktualität bezeichnet, vielleicht sogar als brennende, und verbleibt doch in der Flüchtigkeit des Spektakels. Von der übrigen Welt, von deiner Welt, meiner Welt wissen wir heute nicht mehr, ob sie die städtische Welt ist, die Welt des Buschs, der Wüste oder des flachen Landes, sie ist noch zerstörter als die ganze zur Schau gestellte Welt.

Aber da ist ein Licht, trotz allem scheint eine Morgenröte, wundersamerweise ist sie erklärbar, denn von überall bricht eine Frühe an.

*

Mit bloßer Hand, bei beschmutzter Sicht, sie kommt von dem Schrei, der sprechen wird.

*

Wenn wir an unserem Ort handeln, setzen wir uns gemeinsam ein, um dieses Auseinanderliegende zusammenzubringen, das heißt, die vereinzelten wie auch die konzentrierten Missstände aktiv zu bekämpfen. *Die Poetiken kämpfen unentwegt.* Die in der Welt auftretenden partikularen Poetiken bringen überall realisierbare politische Ziele ein: Denn sie sind Besonderheiten, die nicht danach streben, universell zu werden.

Die Probleme, für welche die Menschengemeinschaften heute verantwortlich sind, werfen also eine doppelte Entscheidung auf. Weder in dem Vorgehen gegen den Hungertod noch gegen die Ausbreitung der Wüsten oder den schreckliche Niedergang der Städte, die Tragödien, die sich in den Strömen der Migration oder der Gewässer zutragen, oder wenn kleine Länder von großen überfallen werden, für keines dieser Probleme scheint es eine Lösung zu geben, außer sie ist global, entstammt einer Poetik der Mondialität und ist von ihr inspiriert. Das heißt zunächst und vor allem, dass sie nicht ideologisch ist und das Gewebe der Weltbeziehung berücksichtigt. Dieser Ansatz scheint sehr allgemein und er ist es auch, aber er ist getragen von dem besonderen Atem der Poetik des Orts und des Details, der nicht zu verallgemeinern ist und der Dauer verleiht. Wir stimmen uns auf diese zusammengefügten und scheinbar widersprüchlichen Arten zu denken und zu handeln ein. Die politische Haltung stärkt sich an der direkten Sicht auf die Welt, am Imaginären der Welt. Politische Aktionen gewinnen an Sicherheit, indem sie zwei Poetiken anwenden, die Poetik einer nicht-totalitären Totalität (kein Internationalismus der Ideologien) und die Poetik der Zugehörigkeit zu Orten (Ländern und Völkern). Diese Haltung bewahrt vor der Willfährigkeit gegenüber den größeren Ländern und vor der Schwäche des ihnen Nacheifern-Wollens.

Wir wissen auch, dass archipelische Denkweisen allmählich die kontinentalen ablösen; dass das Maß einen doch manchmal in die Ferne ziehen und das Unmaß am Ort halten kann; dass die unendliche Detailliertheit der Welt uns hier ebenso nützt wie die allgemeinen Ansichten, die wir von ihr erfassen. Wir wissen ferner, dass der Widerstand an allen Peripherien lebendig ist, die Sie nicht sehen und nicht benennen können, weil Sie gar nicht mehr sehen, dass es Peripherien gibt. Die am weitesten geteilte poetische Formel, die nur vermeintlich einfach ist, fasst die Sache zusammen. Wir haben sie hier wieder aufgegriffen: „Handle an deinem Ort, denke mit der Welt." Dein Ort ist unumgänglich (vielleicht ist dies die fruchtbarste unserer Wiederholungen), jeder Ortsname, jeder Flurname sagt etwas aus. Die Kontinente und die Archipele verwandeln sich in ein Archipel, und das ist kein Massiv oder eine unerschütterliche Erhebung mit ausgefransten Rändern. Die Totalität lebt durch ihre winzigen Details, deren Aromen sich niederschlagen wie Tau oder wie die Milch des Affenbrotbaums, es gibt nicht mehr ein umfassendes Imperium der Welt, trotz des Terrors der Waffen und der Hunderttausenden Toten.

Wir erleben nun dieses Hochgefühl, unseren Ort zu begehen und seinen Zustand zu erhellen mit Hilfe der poetischen Eingebung, dabei die Welt zu reflektieren, da sie nicht zu trennen ist von unserer individuellen und kollektiven Einsamkeit. Jedoch tun wir dies nicht, um die Welt zu besitzen oder auszurechnen, noch um sie auf unsere Weise zu verändern. Die Poetik der Weltbeziehung ist stets eine Philosophie und die Philosophie eine Poetik: Beide bewahren sich so gegenseitig vor falschen Zielsetzungen. Wir entdecken dann voll Verwunderung, dass die Sprache der Philosophie vor allem die poetische ist. Die Schönheit oder das unsicher Enthüllte der Poetiken begegnen sich hier, an den Orten, wo die Differenzen zusammenfließen oder sich trennen, wo sie gleichwertig werden, jedes Mal mit unerwarteten Resultanten. Die Schönheit der Differenzen (der Unterschiedlichkeiten) ist die erste Zeugin und entschlossene Akteurin des Widerstands gegen die Nacht des Geistes und gegen jede Unterdrückung.

Dazu gehören zum Beispiel die unbestreitbar lebendigen Gemeinsamen Orte, von denen so viel die Rede war, und die ich mit diesem schillernden Ausdruck bezeichne. Diese Orte werden von den Philosophien und Poetiken enthüllt, wir nennen zur Sicherheit jeden einzelnen von ihnen, um keinen zu vergessen. In ihren Worten sammeln die Gemeinsamen Orte das Wissen vom Denken der Welt, das unendlich vielen weiteren Denkweisen begegnete, ohne dass einer sie vorhersagen konnte. Dieses Wissen ist von einem unergründlichen, taghellen Einverständnis, es hat nichts von Ideenraub oder Plagiat, von Paraphrasieren oder schlichtem Kopieren, also nichts zu tun mit alldem, was sich heute hinter den Sprachbarrieren und dem Primat einer vereinfachten anglo-amerikanischen Sprache verbirgt.

Fern in den Hügeln Martiniques gibt es Eingeweihte, die aus verstreuten Wurzeln lesen können, sie behaupten, dass viele dieser Gemeinsamen Orte sich nicht auf Reisen begeben, sondern fest in die Erde gepflanzt sind und warten. Sie warten darauf, dass die Landschaften ihrerseits den Landschaften begegnen. Wir stützen uns und vertrauen auf kein System, wir verlassen uns auf das Unerwartete der Prophezeiungen, die von dieser Erde hier aufsteigen.

Starr oder chaotisch, vielleicht auch beides zugleich, errichten diese reisenden Ideen, diese unsteten Rhizome, nirgendwo Marksteine des Schweigens. Die Schweigepause unserer traditionellen *veillées** fördert das geduldige Sinnie-

* *veillées*: nächtliche Zusammenkünfte, um dem Märchenerzähler zuzuhören, ein aus der Zeit der Sklaverei stammender Brauch auf Martinique. Anm. B. T.

ren über die Zeit, aber sie ist stets offen, oho! Zwischen zwei lauten Ausbrüchen! Sie bewegt sich, explodiert und wird plötzlich froh und wir mit ihr.

Das Unverständliche an der Welt ist, dass Sie, mitten im wahnwitzigen Verkehr auf den belebtesten Avenuen der unglaublichsten Städte, sich die Steine im Bach vorstellen können oder so viele Felsen in der Zeit (wir springen von Fels zu Fels in der Zeit, wie beim Überqueren des Bachs oder der Avenue oder der Sackgasse, um unsere in Verwirrung geratenen Gedächtnisse wiederherzustellen). Die Beziehung zu unserer Umgebung führte ins Nichts, wenn wir nicht ihre Vielfältigkeit ausdrückten. Die Welt leben heißt: zuallererst deinen Ort prüfen, seine Schwächen, seine Energien, seine Eingebungen, seine Kraft zur Veränderung oder zum Bleiben. Das Politische. Den Ort leben bedeutet das Gleiche wie die Welt sagen.

XV

Länder ohne Klippen rufen nicht aufs Hohe Meer. Flaches Land ohne Lichtungen trommelt nicht zu ihrem Preis. Aber an allen bekannten Orten sammeln sich für uns die anderen Orte, ohne dass uns dies ins Bewusstsein dringt. Diesmal begann alles an der City University von New York. Dort sollte ich Teile dieser Überlegungen zusammenfassen, anlässlich eines Festvortrags am Institut Peyre, das am Graduiertenzentrum der Universität für die französischen Studien zuständig ist. Hinter meinem Rücken lief der Text in englischer Sprache. Diesen formulierte ich für eine Rede vor der Versammlung der Ärzteschaft aus der Karibik noch weiter aus, sie wurde am 16. April 2008 per Video übertragen und in Fort-de-France in Martinique auf große Leinwände projiziert, ihr Titel: „Archipele und Kontinente". Eine Niederschrift befindet sich in den Kongressakten. Ein dritter Vortrag erfolgte, diesmal live, mit einer überarbeiteten Fassung am 30. Mai 2008, anlässlich der Sitzung des Institut du Tout-Monde, die in den Räumen der Modefirma agnès b. (in der Rue Dieu) in Paris stattfand, der Titel war nun „Philosophie de la Relation". Die Aufnahme kann auf der Webseite der Firma eingesehen werden. Mit dem ein weiteres Mal umgeschriebenen Text wurde am 17. Juni 2008 ein Kolloquium in Cartagena in Kolumbien zum Thema „Die Karibik, ein Archipel der Einflüsse" eröffnet, dabei wurde noch einiges zum Archipelischen und Kontinentalen

Denken hinzugefügt. Zwei Fassungen, auf Französisch und Spanisch, liegen davon vor.

Es handelte sich nicht um Bearbeitungen eines ersten Vortrags für die genannten Anlässe, sondern um ein ungesichertes Voranschreiten in einem poetischen Prozess, der sich im Verborgenen fortsetzte, und zwar durch die vielleicht etwas emphatisch geäußerten Formulierungen und Behauptungen hindurch.

Tatsächlich hat diese nomadische Philosophie an den vier Orten der Welt, drei davon in Amerika, einer in Europa, sich in Form und Inhalt allmählich fortbewegt. Ausgehend von einer Reflexion über zeitgenössische Denkweisen hat sie sich zu dem Umriss oder der allmählich erscheinenden Vorform eines Gedichts gewandelt, je nachdem wie sich meine Intuitionen bei jedem dieser Auftritte änderten, ohne dass einer der Zuhörer bemerkte, wie ich Wiederholungen einführte, die sich aus geringfügigen zarten Wandlungen herauslösten. Es ist eine Weise, in der man die poetische Materie unmerklich aufgehen lässt, das allerdings haben die Hörer an allen Orten empfunden.

Die Aneinanderreihung der Orte und die Varianten, die keineswegs nur träge Wiederholungen einiger weniger Gesichtspunkte darstellten, hatten sich in einem undurchschaubaren Prozess verbunden und allmählich einen poetischen Einfluss innerhalb und unterhalb der Gedankenfolgen meiner Reflexion ausgeübt. Er spendete die Kraft einer Verbindung zwischen diesen Orten und es wurde daraus ein in der Weite schwebendes Gedicht, von dem vielleicht ein kleines Raunen zurückblieb.

In welchen Momenten und aus welchen Motiven hatte das Gedicht also versucht, hinter diesen Varianten zu erscheinen, die jeweils die Farbe des *Genius loci* (um den

Titel von Michel Butor zu zitieren*) annahmen, an den sie zufällig gerieten? Das Gedicht war wohl selbst überrascht von der Monotonie dieser Ansammlung von Ideen, dem es sich widmete. Haben wir es hier mit einem neuartigen Schreibprozess zu tun? Wie konnte das Gedicht als Gedicht erscheinen oder als Bild eines Gedichts, in dieser Ansammlung von Texten, das heißt, sich an der endgültigen Aussage des Vortrags beteiligen, seine Spur, sein Siegel, die Bewegtheit jener aufeinanderfolgenden Orte hinterlassen: die aufragenden, häufig verhangenen Schluchten von Manhattan, die helle Bucht, die mit den Wolken und dem feuchten Klatschen des Winds an Fort-de-France entlangrennt, und die Rue Dieu, die sich am Kanal Saint Martin in Paris eher andeutet als abzweigt, und schließlich das legendäre Cartagena de las Indias mit seinen Kreolisierungen, das in seiner Realität genau wie in unseren Vorstellungen, unseren Imaginären, so begnadet ist?

Cartagena, Timbuktu, Valparaiso, Samarkand, das sind magische Orte (nicht der Imagination sondern des Imaginären) direkt aus der Kindheit. Fort-de-France, New York oder Paris deuten nur die Imagination einer vergangenen Welt an, die in so vielen Büchern anerkannt und doch aus dem Gedächtnis verschwunden ist.

*

Wo lebte dieses Gedicht, worin war es bezeichnet, woraus entstanden, bei diesem Springen zwischen den Städten und den offenen Orten ihrer Umgebung?

*

* Michel Butor: *Genius loci: Kulturstätten im Mittelmeerraum*. Anm. B. T.

Diese doch so mit Sprechen beladenen Momente waren unsagbar, die Motive unerfindlich und es nahm kein Ende: Das Gedicht war anwesend und abwesend, hinderte das Zudringen der allzu autoritären Kräfte (die Welt des Anderswo, die sich zur Genüge aufdrängte) und linderte das Ungehörige einer Abwesenheit, die sich ihrer nicht bewusst ist (die Welt des Hier, die sich noch nicht erkannt hat).

Das Gedicht ahnte sich selbst voraus (präsentierte sich) buchstäblich im Akt der Entstehung: zuerst diese dunkle Schrift verbunden mit dem Dunkel aus der Urzeit der Erde, danach die monotone Folge der Themen in langen schemenhaften Erörterungen und schließlich die Reihe der bebenden Denkgebäude, die sich dem Imaginären unserer Welten widmen.

Der Autor des Essays musste dem Gedicht so schnell wie möglich Halt und Plan geben. (Ich habe Cartagena im dritten Gesang von *Le sel noir* und auch im Mittag auf diesem Meer nicht genannt).

(Hinzu kamen mindestens vier oder fünf Anlässe, bei denen dieser Text wiederholt, übersetzt, abgeändert, gekürzt, in Symbole gefasst und fortgeschrieben wurde, ohne dass ich mich dafür entschuldigen musste. Wenn du dich wiederholst, lässt du dich auf das Abenteuer der Gemeinsamen Orte ein, du wagst das Unterwegssein, wagst das Unerwartete. Stellen Sie sich im Gegensatz dazu einen Text vor, der unwiderruflich nicht vorgetragen wird, einen Satz, der nicht verdoppelt wird, eine Anrufung, zu der es kein Echo gibt. Selbst wenn sie aufblitzen, bleibt von ihnen häufig nicht mehr als ein Haufen trockenen Laubs in den verlassenen Pfaden und Furchen zwischen zwei Ernten, die sich, o Wunder!, wiederholen. Wie die Literaturen ist die

Philosophie der Weltbeziehung alles auf einmal, Wiederkäuen und Bewegung.)

KLÜFTE

XVI

Es geht nicht um Ungewissheiten, sondern um das Ungewisse der Weltbeziehung. Das Ungewisse ist kein Scheitern, es ist nicht limitierend oder verfälschend. Hier liegt eine Grenze zwischen dem Denken und dem Erleben der Weltbeziehung, doch wird sie nicht durch eine Definition festgelegt.

Die Frage stellt sich in ähnlicher Weise wie bei der menschlichen Sprache, unabhängig davon, ob sie die Muttersprache oder eine erlernte ist: Handelt es sich um eine Geburt (eine Fusion) des Seins zur Sprache oder vielmehr um eine Bewegung, ein Aufeinander-Einstimmen? Dabei wäre keines von einem Sein getragen, sondern ginge am Rande des Seins-als-Seienden bis an die intimste Quelle jeder Fähigkeit des Sagens, um gleich darauf in den Raum zurückzukehren, der offen ist für die vielstimmige Rede. Eine Bewegung, der es gelingt, zwischen einer natürlichen oder physiologischen Gegebenheit und der Fähigkeit zur Abstraktion eine Verbindung herzustellen. Einem Ort der Welt die Macht der Stimme zu verleihen.

*

Gibt es ein Sprechen, das von allen Dingen ausgeht, die nicht der Mensch sind, ihr Salinen, Felsen, Granite, gewaltigen Wüsten?

*

Offenkundig hat sich das Eine durch die generalisierende Universalität auf die ganze Welt ausgebreitet, doch die Behauptung, dass es das Unterschiedliche einschließt, trifft nicht zu. Das Eine geht immer von Eroberung aus. Es wirkt heute in der Unübersichtlichkeit der ausgefeilten Techniken, die keiner vollständig kontrolliert. Das „Eine" dieser Techniken verbirgt sich hinter einer dumpfen Diversität: Das technisch Absolute ist ein Universum vieler spezialisierter Einsamkeiten. Die Profiteure dieser Techniken sind unfähig, das Eine oder aber sein Gegenteil, das Diverse, in ihre Unvorhersehbarkeiten einzubeziehen. Ihnen genügt es, mit dem Unübersichtlichen und Unvorhersehbaren zu hantieren, ohne ein gemeinsames Wissen anzustreben, der Profit ist ihnen ohnehin sicher. Die wertvollste Art und Weise, dagegen Widerstand zu leisten, wäre, uns selbst auf das Unvorhersehbare und Unübersichtliche einzulassen, indem wir es erahnen. Und dazu die kosmische Vision *in ein politisches Denken zu verwandeln*, in eine direkte Ästhetik (das ist das Imaginäre) der Welt, um uns von dem totalitären Trubel nicht beeindrucken zu lassen oder von dem schwachen Glauben, dass irgendein beliebiges Bruchstück naiv für ein Detail des Ortes stehen könnte. Diese Bruchstücke sind das Werk der Einzelhändler, die ihren Namen nicht verdienen, da sie das Detail nicht als eigene Form anerkennen.

Nicht nur in den okzidentalen Kulturen (von den Vorsokratikern bis zu den deutschen Romantikern) hat der Mensch aus der Fusion mit dem Universum Energie geschöpft. Denken Sie an das mana (jene zugleich erhabene und immanente, das heißt gefährdete Kraft) oder das Nirvana (ein zugleich sublimer und künftiger Ort, das heißt er ist der Zeit kontingent, auch wenn sie in ihm dann unendlich still steht), diese Denkweisen gehen von hier aus, von dieser Seite der Erde, wo wir plötzlich vom Bauch des Sklavenschiffs sprechen oder uns eilig in die Städte begeben, wo sich die Aufklärung noch bewahrt hat.

Die Idee der Fusion wird gesagt, verehrt oder meditiert. Sie wurde gedacht, noch bevor sie in Ekstase eintrat – etwa in die Ekstase vom einen Gott oder von der Idee eines Gottes – daraus entstand eine Philosophie, traditionell Theosophie genannt, die später die Mystikerinnen inspirierte. Eine Kehrtwende im Denken sah in der Idee der Fusion die Ekstase noch vor jedem geordneten Wissen, ja absolut außerhalb jedes Wissens, daher galten ihre Götter als dunkel und primitiv und sie als eine unreine Magie.

XVII

*

(Viel später dann und vielleicht laut einem der vielen möglichen Nachfolger Heideggers hieß es:) „Die Differenz ist der Avatar, den das Seiende dem Sein aufzwingen will."

*

XVIII

Die Differenz, ohnehin schon als Verminderung betrachtet, war von da an eine Amputation des Absoluten, und das galt für jegliche und jede beliebige Differenz. Man brauchte einen Gegensatz zum Absoluten, und die Differenz wurde nun als ein ewiges Virtuelles festgelegt, etwas Zusätzliches, das ständig von dem dichten Glanz des Seins zurückgedrängt wird.

Gemäß einer Philosophie der Weltbeziehung könnte die Differenz weiterhin unbedeutend sein für das Eine, solange dieses angeblich das Sein (der Welt) reflektiert. Die Differenz ist vornehmlich das Zeichen und das Verbindende der Einheiten-im-Diversen, während die Verschiedenheiten das Sein-als-Seiendes (des Totalen) zusammenfassen. Die Differenz trägt ebenso zur Fusion bei wie zur Unterscheidung. Das Kaskadengeräusch des Bachs in der Tiefe, das am Ort der Geburt und der Dauer den Hügel von Bezaudin emporstieg, bildete die wahre Landschaft der Gegend, der Realismus bestand darin, es zuerst zu hören, so kontinuierlich in dem Geprassel des Dickichts, und es dann zu vergessen, da es sich mit dem Geräusch der Blätter vermischte. Wenn Sie dieses Geräusch (diese Differenz) nicht mehr hörten, waren Sie ohne Verbindung in die Landschaft eingedrungen. (Nicht wie der fremde Reisende, der durch die Gewöhnung endlich nicht mehr vom rhythmischen Raunen der tropischen Nacht gestört wird, sondern wie der Leguan und der Anolis, die sich in das Gelärm der Hitze hüllen und es nutzen.) Die Differenz gehört zur ersten Unschuld oder Gnade, doch wovon? Vom Verhältnis des Details zum Ganzen. Von meinem Detail (dem Fels im Wasser) zu meiner nahen Umgebung (das Land). Von meinem Detail (dem Ort) zu meinem Bezugsfeld (die Welt). Fortan gibt es keine gültige realistische Beschreibung mehr. Ein Detail ist kein Fragment, es verweist auf die Totalität. Kein „Realismus" langt an die (nicht totalitäre) Totalität heran. An die zersprengte, sich wandelnde Totalität. Das Geräusch des Wassers, das unten am Hügel züngelt und heraufdringt, ist eine Poetik des Orts, obwohl die Dürre sein Echo allmählich versiegen ließ. Die Hütte der Geburt ist eine weitere Poetik des Orts, auch wenn Sie sie immer noch unter dem Erdrutsch suchen, in dem sie verschwunden ist. Die Poesie enthüllt, was in der Erscheinung des Realen sich verborgen hat, was verschwunden, versiegt ist. Die Differenz ist keineswegs zufällig oder ein Avatar, ob sie wahrnehmbar (real) ist oder nicht, sie wird vor allem zur Führerin bei der Suche, durch sie wird das verlorene Echo des Bachs oder die verschüttete Ruine der Hütte als Gesang wiedergeboren: ein Teil der Landschaft, und im Weiteren, ein Relais, das Verbindende zu dem, was andauert. Es fällt mir auf, dass die Höhe mich seit langem erschüttert, dass mich auf der Höhe der Schwindel geradezu umwirft, und dass mich dennoch nichts zurückhält, den Aufschwung unserer vertrauten Hügel im Norden Martiniques, die Morne von Pérou, von Bezaudin oder Reculée heißen und unter der Wacht des Mont Pelé stehen, mit den unermesslichen Höhen eben von Peru zu vergleichen. Ich denke dabei insbesondere an die Steilhänge, die den Abgrund von Chavín de Huantar bilden, an dem die präinkaischen Kulturen abgestürzt sind.

XIX

Die Differenz wird in der Diversität positiv, indem sie Teile einander annähert, aber sie reagiert, oder regiert nur, wenn die in Verbindung gebrachten Teile sich selbst gehören. Die Schwierigkeit liegt darin, dass diese Teile ebenfalls alle different sind, denn es gibt nie etwas absolut Identisches, weil es nirgends für Differenzen unempfängliche Buchten gibt.

Die genannten Verhältnisse finden wir in unterschiedlicher Form beispielsweise in den neo-amerikanischen Kulturen: Dort gibt es Länder, die ihre Unabhängigkeit errungen und bewahrt haben (sich also selbst gehören); die Differenz wird als eigener Bestandteil wahrgenommen, als ein Detail in einer Gesamtheit, etwas Altes im Neuen (es waren in früherer Zeit durchweg Nationen, die andere Länder besetzten und sich untereinander bekämpften); und es gibt Länder, die diese Unabhängigkeit nicht erringen konnten, und wo die Differenz in den meisten Fällen heute noch im Ununterschiedenen liegt, das heißt, es besteht eine angstbesetzte Indifferenz der Bewohner gegenüber dem Sein-als-Seienden ihres Landes. Dieser Fall wiederholt sich an vielen Orten der Welt: in den Formen der Assimilation, in einer zur Folklore gewordenen oder verflachten Landschaft, in der Auslöschung der Kultur oder schlicht in der Auslöschung der Bevölkerung.

Es wäre interessant, neben der Fusion des Menschen mit seinem Sprechen (ob es nun geäußert oder nur gedacht wird), einmal herauszuarbeiten, welche Zwiespältigkeiten bei vielen Menschengemeinschaften im Verhältnis zu den ihnen verfügbaren Sprachen und Ausdrucksweisen bestehen. Die eigene Ausdrucksweise* und die des Anderen befragen sich (das ist die kosmische Intimität), die eigene Ausdrucksweise richtet sich nach der Sprache des Anderen aus (die Versuchung der Diversität), doch in einem entgegengesetzten Impuls strebt die Ausdrucksweise des Anderen in gefährlicher Weise auf die eigene zu und gewinnt Oberhand (indem sie Knoten der Transparenz und Dominanz behauptet, in denen die Differenzen unterzugehen drohen). So kann sich die Diversität scheinbar vermindern, wenn etwa einer oder mehrere Teile bevorzugt oder einzelne der Sprachen dominant werden, außerdem kann die Einzigartigkeit monolithisch werden oder aber die kosmische Kraft in Konfusion umschlagen.

An dieser Stelle setzt das politische Denken an.

Es unterscheidet in diesem Gemenge der Möglichkeiten. Es *fundiert nicht* wie in der okzidentalen Tradition. Es grenzt sich ab gegen das moralische Denken (wo es zum Fundamentalismus, zur irren Fixierung wird) und es hütet sich vor den absoluten Wahrheiten – *nichts ist wahr, alles ist lebendig* –, wie auch vor jedem Ritual, das zur Erstarrung führen würde. Aber insofern das Denken politisch ist (als überlegte Maßnahme der Angleichung oder des Wandels in dem schwankenden Gleichgewicht des Realen, anstelle einer Vielzahl flüchtiger Gesten der Anpassung an realisti-

* Hier steht langage für die Sprache des Schriftstellers, des Dichters; Anm. B. T.

sche Vorteile), lebt es sogleich auf in einer Poetik, in der die Welt sich ahnen lässt, und zwar ohne Festlegung.

Die unaufhaltsamen Entwicklungen der großen Systeme zur Erfassung und Beherrschung der Welt, die Technologien und die Massenpropaganda, die Kunst des Spektakels, die Kontrolle der Energien, die Modulierungen des Geschmacks und der ausschmückenden Ideen, die Wiederkehr des religiös Verdrängten, die Wiederkehr des Drangs nach Wiederkehr, die Mechanik der Abstammungen, der Rausch der Megalopolen, die extreme Maßregelung der Armut, die systembedingten Hungersnöte, die Banalität der Pandemien, die Kriege als Normalzustand, Kriege ohne offenen Krieg, sie verbreiten sich wie Horizonte, strömen horizontal in vielen sich verbreiternden Strömen, die sich vermischen und die alten zivilisatorischen Kontinentalplatten angreifen, die sich bis dahin mühevoll aneinander angepasst hatten. Dadurch zerbersten sie zu zivilisatorischen Schuppen, die partiell und parteiisch sind, diese geraten ihrerseits aneinander, nicht nur weil ihre Elemente aneinanderstoßen, sondern weil diese Kräfte sie gleichzeitig auch zersetzen. Die Unordnung wird zu ihrer Struktur. Diese Unordnung ist nicht das Chaos, insofern das Chaos vorhersehbar ist und *auf Sicht* seine eigenen Gesetze hervorbringt.

Die sinnlosen Massaker der Völker sind ebenfalls nicht Folge einer Unordnung, sondern der rigorosen Ausübung eines Systems. Dagegen ist beispielsweise die Säuberung der von Umweltgiften und anderen Massenvernichtungsmitteln verseuchten Böden die Folge eines realen Durcheinanders (das heißt einer Serie nicht geplanter, ungeordneter Zufälle), einer andauernden Ausnahmesituation, die in nichts einem monolithischen Gebilde gleicht. Die Weltbeziehung wird nicht verfügt und nicht *a priori* entschieden.

Es gibt das Unübersichtliche: Wir sehen, dass die aggressiven Faktoren der Kulturen aneinander stoßen und sich reiben (sie greifen einander an, weil sie sich bedroht fühlen, da sie nun zahlreicher in Berührung kommen und daher untereinander weniger mächtig sind, oder ganz einfach, weil jede beliebige Zusammenfassung zu einer Nation, einem Staat, einer Kultur, in einen Angriff mündet) und es gibt die abgeschotteten Schichten der Zivilisationen (von ihnen wird fälschlich behauptet, ihr Alter isoliere sie und mache sie schwächer). Wir können uns auch vorstellen, dass in den ungeklärten Distanzen zwischen den Differenzen und ebenfalls in den nicht-absoluten Harmonien innerhalb der Einheitssysteme Gegensätze entstehen, die zum Ungewissen der Weltbeziehung beitragen.

Am dringendsten in diesem Ungewissen wäre vielleicht, das Imaginäre der Unvorhersehbarkeit mit der Notwendigkeit des Tuns und Handelns abzustimmen. (Der Mensch kann nicht aufhören, mobil zu sein.) Das Politische hilft dabei, falls es sich auf eine Poetik einlässt. Was bedeutet das? Zu wissen, dass die Ungewissheit manchmal einen Mangel spüren lässt, das Ungewisse aber stets eine Öffnung. Sogar uns unterläuft es manchmal, die Ungewissheiten der Welt (als ein sehr entferntes Abbild der All-Welt) mit dem Ungewissen der Weltbeziehung zu verwechseln. Unser einfachstes politisches Handeln ist manchmal bestrebt, die Lücke dieser Ungewissheiten zu schließen, doch lässt es sich leider nie von der Inspiration des Ungewissen leiten, die hier doch hilfreich wäre.

XX

Als die Kontinente (die Nationen und Völker, die ihre Basis verließen) sich die Welt vorstellten, schufen sie im Unbekannten schon eine Ordnung für sie. Sie vermuteten Indien im Westen, sie legten den Ort und die Geographie des irdischen Paradieses fest, sie wählten die besten Handelsstationen für die unwegsame Seidenstraße aus und suchten die Marterwerkzeuge für den Sklavenhandel mit Afrikanern zusammen. Die unbekannte Welt war für sie vorhersehbar, „abholbar", das war die Vorstellung, die Imagination von der Welt, die so schön oder so krass vom Kontinent inspiriert ist.

Das Imaginäre der Welt wird ganz anders vorgehen. Dieses Imaginäre ahnt voraus, errät, findet, es betrachtet nichts im Hinblick darauf, was es einbringt, es lässt sich weder vom Haben noch vom Wissen begleiten. Es kommt zu keinem Schluss. Es vermutet nur und ist vom Archipel inspiriert.

Imagination und Imaginäres sind mal die des Individuums, mal die des Kollektivs, mal die der Welt-Totalität. *Das trunkene Schiff* geht von der Imagination aus, *Eine Zeit in der Hölle* vom Imaginären. Beide Gedichte haben den gleichen Sender, Arthur Rimbaud. *Das trunkene Schiff* entwickelt in der Imagination, was sich auf der Welt realisiert hat, und wie es sich den muffigen Phantasmen in Rimbauds Heimatstadt Charleville anbietet oder widersetzt.

Eine Zeit in der Hölle ist das Phantasma selbst, unsicher, glänzend, das Imaginäre öffnet und sublimiert es zu einer unwiderlegbaren Realität.

Die siegerischen Kollektive erfinden mit ihrem System eine Imagination des Wissens (der Eroberung) von der Welt und von sich selbst, wie das Paul Claudel gesagt und geschildert hat, aber sie wenden nur sehr zufällig das bebende (nicht verspürte) Imaginäre ihres unmöglichen Verhältnisses zum Anderen an. Ihr Imaginäres öffnet nicht, der Andere ist für sie nur Objekt.

Im jetzigen Moment, wo die All-Welt sich uns in der Imagination als planetares Dorf zeigt, das scheinbar ganz eingekreist und umrundet werden kann, empfinden wir die All-Welt in unserem Imaginären als eine Weltbeziehung, deren Quantität endlich und deren Grenzen unendlich sind. Ihre Ungewissheiten sind für uns ebenso beeindruckend wie all die Dinge auf der Welt, die Weltbeziehung ist eine lesbare Darstellung dieser All-Welt, und sie erscheint uns vergleichsweise evident (real), eben weil sie am stärksten mit Ungewissheiten belegt ist.

Die Imagination der beherrschten Völker arbeitet sich an konkreten Entfremdungen ab, wie etwa an den konventionellen Darstellungen von Migrationsparadiesen, die ihnen verwehrt sind. Dagegen ist ihr Imaginäres viel weiter als Resolutionen über die Zerstörungen oder Hinterlassenschaften des Kolonialismus. Es sind jene Völker, die häufig in besonders lächerlicher Form oder ganz einfach unterdrückt sind, die am weitesten die notwendige Überschreitung der sektiererischen Partikularismen voraussehen.

Etwa die Leute aus Chiapas oder die Roma. Etwa die Völker Afrikas, die mit dem transsaharischen und transatlantischen Sklavenhandel die größten Schandtaten in der

Geschichte der Völker erleiden mussten, und die sich auch wie zum Paradox am offensten zeigten für die Kreolisierungen in der Karibik oder in Brasilien, ohne dass sie mit ihrem Erbe darin verloren gingen. Afrika ist fast seit dem Beginn der Zeiten, man weiß nicht warum (mit Ausnahme von Klimatheorien) ein Gebiet der Diaspora, dessen unruhige (*zum Bleiben gezwungene*) Bewohner dennoch in alle Richtungen der Weite gerufen wurden und damit die Diversität vervielfachten. Die Länder Afrikas sind nach dem heutigen Eindruck Gebiete großer Armut, aber auch mit einer relationalen Ausstrahlung, zu der die Diaspora *auf Sinnsuche* zurückgekehrt ist.

Imagination und Imaginäres können in den Verquickungen und in dem Ungewissen der All-Welt nicht getrennt vorgehen. Sie müssen einander ergänzen. Heute wäre wohl *Das trunkene Schiff* und *Eine Zeit in der Hölle* zunächst als ein einziges Gedicht ersonnen worden und hätte möglicherweise etwas in der Art von Rimbauds *Illuminationen* ergeben. Die Welt bietet sich der Imagination zur Darstellung an, aber insofern sie auch All-Welt ist, das heißt, eine nicht-totalitäre Totalität, in der das Detail und die Vielfältigkeit nicht verloren gehen, öffnet sie sich dem Imaginären. Nur solche Völker sind wirklich ausgelöscht, bei denen die Imagination und das Imaginäre individuell und kollektiv nicht standhielten, das heißt, sich unter den Massakern nicht wechselseitig stärken konnten. Die Völkervernichter und Eroberer wissen ihrerseits die Imagination ihrer All-Macht in der Weite zu behaupten, aber das Imaginäre der Welt ist ihnen verschlossen.

*

Das Licht von draußen, aus der Ferne, ist wie eine gut geworfene Lanze, sie steigt aus der Höhle, aus der Lichtung oder aus dem Stadtpark in die Höhe, nicht um die Vernichter zu vernichten, verblüfft werden sie von ihr getroffen und verändert, ohne dass sie es wollen.

IRRLEINEN

Der Stoff der Welt fühlt sich aufgewühlt an,
das Denken muss sich auf das Sichtbare beschränken.

XXI

Diese Hütte war schließlich unter einem Erdrutsch verschwunden. Alle Geburten in ihrem Schutz, und folglich auch die meine, waren gleichsam zurückgefallen in einen vorzeitlichen Abgrund, den banaler Pflanzenwuchs sofort überwucherte. Eine derartige Anfälligkeit der eigenen Geburt ist erschütternd. Besser nicht versuchen, in diese Tiefe hinabzusteigen, auch wenn man darin nur die eigenen Vorahnungen bestätigt findet. An der Stelle, wo die Hütte der Geburt versunken ist, rollt die Zeit vielleicht nicht mehr, sondern liegt unbeweglich zwischen den Zeiten, die um sie herum wehen. Aber zu dieser Vorahnung gehörte für mich auch immer der Eindruck, im gleichen Maß zu altern wie die Erde, jenes winzige Staubkorn im Universum, und ich als Stäubchen (Archipel) ein noch unvorstellbar viel kleinerer Teil dieses Moleküls Erde. Ihre wundersame Großmut liegt darin, dass sie uns zum Bauen dient, was unsere Eitelkeit in die Extreme treibt. Ich spüre, dass wir zusammen alt geworden sind, sie in Millionen Jahren und ich, der die paar Tage, die mir gegeben waren, über sie verteilte, und die in ihrem Gang nun allmählich langsamer werden. Wie viele andere habe ich noch die Gnade, in diesen Tagen gemeinsam mit Menschen nach *vorne zu drängen*, die ich liebe und schätze. Aber was meine Freunde aus der Kindheit und Jugend anbelangt, habe ich das Gefühl, mit der Zeit ganz allein einen *Club der toten Dichter* gegründet und in Ehren gehalten zu haben. Ich suche dann im weiten Raum die von diesem Planeten Erde verschwundenen Gefährten, an den Filamenten aus Feuer und Lava, den fliegenden Felsen, die zu Kometen werden und zerfetzte Bruchstücke seiner urzeitlichen Innereien sind. Ich sehe nichts mehr, außer im Geist. Die Erde ist unbefleckt von den Nabelschnüren und Placentas ihrer Geburt, sie ist nur noch bedeckt mit dem Ausschlag ihrer Geschichten. Es wäre darauf zu wetten, dass ihre wahren Beziehungen sich in völlig unzugänglichen Unendlichkeiten verbergen. Ich sehe die Erde allein und womöglich ohne Freunde, ohne nahe oder ferne Verwandte. Jedoch hat sie die All-Welt entstehen lassen, die mit ihrem Scheitern, Aufblitzen und ihrem Elend möglicherweise auf eine andere Kraft für Form und Inhalt des Lebens auf dieser Erde verweist. Darin, sehr undeutlich, fühle ich, dass wir zusammen alt werden. Ich sehe, wie die Zerstörungen der Erde noch meine kleinsten Gebrechen (oder Gebeugtheiten) begleiten, und dort, wo sie wunderbarerweise ihre Lichtungen noch lebendig und hell mit ihren heilenden Kräutern bewahrt hat, meine ich sofort, frei durchzuschreiten und mich zu verjüngen, ohne zu wissen warum. Wie jener, der erklärte: *„Ich heiße in Wahrheit Mathieu Béluse. Nach dem Gesetz des Märchens, das zum Geheimorden der Bäume gehört, werde ich noch lange leben."* Er hatte diesen Bereich des Urwalds viele Tage durchstreift und dabei vergebens die Quelle der Lézarde gesucht, er hatte sich in einigem Abstand zu einer Schlange niedergelassen, die geringelt auf einem Erdweg in der Sonne lag, er hatte versucht, sie mit Steinwürfen zu verjagen, das Tier hatte sich nicht gerührt. In diesem Moment wurde sein Geist von Austrocknung befallen und er stellte sich, nicht mit der Imagination, sondern mit dem Imaginären, noch dichtere Wälder vor, falls das möglich war, noch grausigere Abgründe und ungeheure Wüsten, aber keine bestellten Äcker, keine essbare Wurzel, es kamen ihm nur Wälder und Sande und schroffe Berge in den Sinn. In diesem Moment spüre ich selbst die Gewissheit, alle Sprachen zu kennen, die wir mit der Verschleppung nach Amerika zurückließen, und die ihren Weg gegangen sind, ohne zu wissen, dass wir sie verlassen hatten, Wolof Gerere Kisuaheli beispielsweise, mit ihren unzähligen Variationen. Ich träume davon, sie zu verwenden und tue es auch. Sie sind das, was wir zur Gewalt des Vergessens in der All-Welt beigetragen haben, und zugleich illustrieren sie, was die Menschen, die sie weiterhin sprachen, zur Schönheit der Weltbeziehung beitragen. Dann verfolgen wir ihren (der Erde) Lauf über Abertausende von Jahren, ich verfolge den Rückgang meiner in Tagen bemessenen wenigen Stunden Zeit, die wir doch in Wahrheit nie verlassen haben. Dennoch leben wir nicht in der gleichen Zeit. Ich stelle mir nicht vor, sie drehe sich „um mich", nach meinem Bilde, auch nicht umgekehrt, dass ich still stehe in ihrem Zentrum, das wäre wirklich lächerlich. Die Schlange lässt sich nicht so einfach aus ihrer Sonne vertreiben und diese Auffassung von dem Verhältnis zwischen dem „Chaosmos" und dem Menschen ist eine blinde Simplifizierung, auch wenn sie tröstlich ist: Kosmisches Sehen zielt auf anderes hin, auf eine Geschichte von All zu All (von allem zu allem). Außerdem hat das in dieser Erde verborgene Gedicht, auch wenn es nur eine Legende ist, viele sehr menschliche Gedichte entstehen lassen. Vielleicht ist hier die Gelegenheit, Ewigkeiten aufzusuchen, die *aufeinander folgen*? Denn auch wenn es zutrifft, dass die Erde den Takt gibt, das letzte Wort hat nur das Gedicht.

XXII

Am besten betrachtet man die Begegnung der Ideen in dem Raum, in dem sie zuerst Anerkennung und Bewertung hätten finden müssen. Auch Personen und Ereignisse verschwinden im Undefinierten oder Indifferenten, denn häufig sind sie isoliert. Sie müssen sich aus eigener Kraft und mit den eigenen Einsichten durchsetzen, das heißt, mit der Richtigkeit und Gerechtigkeit ihrer Position in dem jeweiligen Raum und seiner Bewegung, den Debatten der jeweiligen Gemeinschaft, und zwar unter Bedingungen, die von den Bewegungen und Debatten geschaffen werden.

So stellt sich heraus, was die große Stärke des ersten Kongresses der Schwarzen Schriftsteller und Künstler (in der Sorbonne in Paris im Jahr 1956) war: Die Teilnehmer trugen alle ihre Zielsetzungen vor, außerdem, was ihnen noch fehlte, aber auch die Kämpfe, die ihnen Anlass zur Hoffnung gaben. Ihre Differenzen. Ja, vor allem die.

Nicht zuletzt äußerten sie ihre Sicht auf die eigenen, partikularen Situationen, die alle von der kolonialen Herrschaft bestimmt waren. Darüberhinaus mussten sie Stellung nehmen, wie sie sich zum Anderen verhielten, gleichgültig, ob er ihnen ähnlich oder fremd war, wie sie sich selbst in den Landschaften sahen, von denen sie erwählt waren, wie sie die urzeitlichen Rhythmen hörten oder wie sie den Takt schlugen, der von der Bewegung, der Reibung und dem Einklang der Gesellschaften und Kulturen ausging, ohne die geringste von ihnen zu vernachlässigen: Es war das Eintreten in das Bewusstsein einer Welt-Totalität.

In frühester Jugend waren zwei der Teilnehmer, Leopold Sedar Senghor und Aimé Césaire, der eine aus dem uralten Afrika und der andere aus der afrikanischen Diaspora, am selben Ort des Studiums und des Wissens zusammengetroffen, und schon 1938 hatten beide mit ihren sehr unterschiedlichen Poetiken der Négritude zu ihrem Aufschwung verholfen. Aber im Jahr 1956 schien es, als habe diese bedeutende Revolution im Denken und Empfinden keine Verbreitung erfahren, als hätte man nie von ihr gehört. In den USA hatte es die Harlem Renaissance gegeben und die Gedichte von Langston Hughes (alles beginnt immer mit Gedichten), doch wurden sie ebenso mit Schweigen übergangen wie die Ereignisse im anglophonen und lusophonen Afrika, in Ifrqiya und den arabischen Wüsten, in Haiti und Brasilien, oder im gähnenden Loch Südafrikas, von dem uns nicht mehr als das Wort Apartheid geläufig war.

Neben manchen Beiträgen, die diese Situationen und dieses Schweigens analysierten, bekundeten die Redner in der Sorbonne gegenüber den anderen Teilnehmern vor allem eine große Offenheit. Sie tauschten sich endlich über ihre Differenzen aus, waren ungeduldig, sich zu zeigen, so wie sie waren, aufrecht in der Welt und nicht mehr am Boden liegend auf der abgewandten Seite der Erde. Das war zur gleichen Zeit, als in den Vereinigten Staaten und einigen anderen Ländern noch an den Hotels zu lesen stand: „Kein Zutritt für Neger, Juden und Hunde."

Über die häufig heftigen Gegensätze hinweg – denn es gab Konflikte zwischen verschiedenen Mentalitäten, plötzlich auftretende Sprachschwierigkeiten (vor allem zwischen den Anglophonen und den Frankophonen), unterschiedliche Generationen, eine Distanz zwischen den politischen Aktivisten und den weniger Aktiven, und eine Vielzahl anderer Divergenzen –, erstrahlte der Kongress von 1956 in einer ganz neuen Spiritualität, daneben gab er bereits einen Eindruck von den harten Kämpfen der Dekolonisation, die folgen sollten. Der Kongress von Rom im Jahr 1959 unterschied sich in seiner Struktur und seinem Ablauf schon allein durch die sichtbare Teilnahme von Befreiungskämpfern aus den portugiesischen Kolonien Afrikas, aus Algerien und anderswo. Doch ihre Anwesenheit und ihre Redebeiträge wären ohne den besonderen Charakter des ersten Kongresses gar nicht denkbar gewesen: Er hatte es ermöglicht, dass zum einen der Blick aufs große Ganze, wie jeder es sah, einander mitgeteilt werden konnte, daneben aber auch, was bis dahin nicht offenkundig war, die Verantwortung und die Solidarität mit den anderen geteilt werden konnte. Daraus entstand der Gemeinplatz, der bald berühmt aber vielleicht zu häufig wiederholt wurde, von der Einheit in der Vielfalt.

Alles beginnt mit der Poesie, aber nach 1956 wurden die künstlerischen Werke, die Gesänge der Griots und die Kompositionen der Musiker auch von einer kritischen Reflexion begleitet: Aimé Césaire mit seinen Essays, die *Black Jacobins* von J. L. R. James, die Schriften von Fanon, die Thesen Sheik Anta Diops, sie alle stellen wichtige Beiträge zu den Bewegungen des Denkens im 20. Jahrhundert dar. Später kamen die Schriften von James Baldwin, Malcolm X, die Black Power-Bewegung, die Reden von Martin Luther King, es kamen Rosa Parks und der Kampf für die Bürgerrechte, schließlich die Rassenunruhen in den USA. Das Zurückgeworfensein auf sich, auf das eigene Bewusstsein, was zumeist in Schmerz und Verwirrung erlebt wird, hatte bewirkt, dass nicht nur die Völker Afrikas und der Diaspora die Poetiken des eigenen Raums wieder für sich besetzten, und damit ein Einverständnis mit ihrer Landschaft entdeckten, sie hatten auch die verborgenen Lehren aus ihrer Geschichte gewonnen und mit aller Kraft jene entwertete Zeit für sich eingenommen, die man ihnen hinterlassen hatte. *Wo die Geschichten der Völker einander begegnen, endet die Geschichte in Großbuchstaben.* Solche nicht-absoluten Wahrheiten wurden mit jeder Ausgabe von *Présence Africaine* bestätigt. In den Jahren nach dem Kongress hatte die Zeitschrift in meinen Augen vor allem zwei Aufgaben: das von den schwarzafrikanischen Kulturen getragene vielfältige Denken zu beleuchten und die Hoffnung zu stärken, jedes Mal wenn die konkreten Situationen den begonnenen Aufschwung bremsten. Die notwendigen Dekolonisationen gingen nicht immer mit dem Fortschritt der Gesellschaft einher, den die Völker zu Recht hätten erwarten können, und der sogenannte Neokolonialismus trieb fast überall seine Blüten. Unter derart schwierigen Bedingungen wirkte, ich möchte fast sagen, die physische Gegenwart des Kongresses von 1956 noch lange nach, er blieb Referenz und Inspiration.

Dieser Schwung, der in der Geschichte der Ideenbewegungen oder im Erleben der Intellektuellenorganisationen des 20. Jahrhunderts nur wenige weitere Beispiele hat, war von Alioune Diop gewollt, getragen und beharrlich verfolgt worden. Es ist unvorstellbar, und ich denke sogar, kaum in Erinnerung zu rufen, mit welch ruhiger Zurückhaltung, sorgfältiger Kleinarbeit, denkerischer Kühnheit, langem Zögern und unbedingter Entschlossenheit Alioune Diop dieses Abenteuer vollbrachte. Wenn jeder einzelne der Mitarbeiter der *Société africaine de culture* seine Auffassung von der Welt, ihren Horizonten und von dem, was über sie hinausgeht, vor Alioune Diop darlegte, würde er ihnen wohl allen zustimmen, denn er überblickte, ahnte voraus, was hinter dem Horizont lag. Er lebte alle Zeiten unserer Welt, ohne dass er deswegen abgehoben war, ohne dass er seine Vision durch ein blasses Synthesenmodell verwässern ließ. Er war Afrika, in aller Demut, er vertrat auch alle afrikanischen Regionen, er war sein Land, der Senegal, und auch alle Länder in der Nähe, die sich nach Kräften wehrten, um nicht unterzugehen. Er war sein Ort, und dieser war stets offen für alle Orte der Welt. Ich widme diese wenigen Worte Madame Christiane Diop, die sein Werk fortgesetzt hat, und allen mir Bekannten und Unbekannten, die dabei halfen.

„Heute durchzieht eine unbedingte Logik alle unsere Einschätzungen, sie erlaubt beispielsweise, die seismischen und geologischen Umwälzungen des Planeten mit dem gewaltsamen Handeln eines Teils der Menschheit in Verbindung zu bringen (jede Gewalt ist Exzess). Entweder verheeren diese Umwälzungen ganze Landstriche, die dann sich selbst überlassen werden, oder mit manchen dieser Aktionen werden Bevölkerungen bis zum letzten Atemzug unterdrückt, genau wie zur Zeit der großen Invasionen und Kolonisationen. Die Bewegung ist dieselbe und die Rechtlosigkeit dieser Raubzüge verschlimmert noch das Unheil der Naturereignisse. Allzuleicht geben wir dann den Plan auf, gegen dies alles Widerstand zu leisten, weil uns der Ausbruch und das Tosen der Naturgewalten geradezu in einen Starrkrampf versetzen. An vielen Orten der Welt ist für die Unterdrücker kein Aufwand mehr nötig, um die Unterdrückten zu dezimieren, es genügt, sie in den prekären Bedingungen des Überlebens festzuhalten, die Natur sorgt dann für den Rest."

Wir erleben diese Umwälzungen auf der Welt mit, wir nehmen teil an ihrer Komplexität, wir gewöhnen uns daran, mit ihrer Unlesbarkeit zu rechnen und bilden dabei gewisse Intuitionen und eine Großzügigkeit heraus, vielleicht sind sie anfällig und bebend, aber dieses Beben ist eine Energie, die uns den Intensitäten der Erde näher bringt. Sie bewahrt uns jedenfalls vor dem massiven Herandrängen der Ideologien und schroffen Denksysteme. Was du von der Schönheit der Welt wahrnimmst, engagiert dich an deinem Ort. Was du von den bedrohten Schönheiten der Welt wertschätzt, gibt deinem Handeln und deiner Stimme die Richtung.

Der erste Kongress Schwarzer Schriftsteller und Künstler in Paris und der zweite in Rom sind lebendige Vorboten für die Zusammenkünfte, von denen hier die Rede ist, und jeder Einzelne von uns war dankbar, der an ihnen teilnehmen durfte. Es waren Weltmomente, die es auch im Leben mancher Persönlichkeiten gibt: flüchtige Fixpunkte, Eckpfeiler dessen, was sich mit uns gewandelt hat und was uns jedes Mal inspiriert. Was ein Mensch unternimmt, wird zuweilen zu einem Glanzsplitter der Zeit.

XXIII

Die Straße von Balata steigt durch den Urwald von Martinique bis zum Morne Rouge und über ihn hinweg zu den Hochflächen des Lorrain, von Ajoupa-Bouillon und von Basse-Pointe, wo der Dichter geboren wurde und man „das große hysterische Lecken des Meers"* entdeckt (und spürt). Keiner weiß oder könnte sagen, in welchem Moment Sie auf dieser Straße wirklich den Süden des Landes verlassen, sein arides Flirren, seine gezähmten Strände, seinen bekümmerten Leichtsinn, um in die Bleibe dieses Nordens mit seinen schweren Regengüssen, manchmal auch mit seinem Dunst einzudringen, wo die Früchte, Kastanien, Aprikosen oder wohlriechende Mangos schwer hängen und wo man in der Ferne die Märchenerzähler und Trommler hört. Jeder ist dort fest in seine Kindheit eingepflanzt, wie in den roten Lehm, der am Fuß des Morne du Pérou, de Bezaudin und Reculée langsam tritt, von denen hier immer wieder die Rede ist.

Dagegen war die Jugend des Dichters eine ruhige Irrfahrt. Nachdem er diese Höhen im Norden Martiniques und das Lycée Schoelcher in Fort-de-France hinter sich ließ, studierte er in den Jahren vor dem Zweiten Weltkrieg

* Aimé Césaire: *Cahier d'un retour au pays natal / Zurück ins Land der Geburt*. Frz./dt. Übersetzung von Janheinz Jahn, Frankfurt (Suhrkamp/ Insel) 1967, S. 16 f.

in Paris. Er entdeckt dort, was man den Alten Kontinent nannte, aber ihm begegnet vor allem „Afrika, die gigantische Raupe, die bis vor Europas spanischen Fuß kriecht, nackt, und der Tod schlägt darauf nieder mit großen Streichen." * Er entdeckt Afrika nicht wie ein Forschungsreisender, sondern, was für ihn entscheidend war, wie ein Sohn, der an die Quelle seiner Leidenschaft und Unruhe zurückkehrt. Er bewegt sich unter den aus Afrika, den Antillen, aus Guyana, Madagaskar, Réunion, Indochina Kommenden, die zu jener Zeit der intellektuelle Teil einer Zuwanderung aus den französischen Kolonien in Paris sind. Die Hauptgruppe stellten Fabrikarbeiter, das Subproletariat, wie es damals hieß, das später offiziell und systematisch für den Wiederaufbau nach dem Krieg eingesetzt wurde (einige erinnern sich wohl an das berühmte *Bureau de migrations des départements d'Outre-Mer*, das so tüchtige „Bumidom", das bis Ende der 1960er Jahre im Einsatz blieb). Aimé Césaire ist unter diesen Intellektuellen damals schon politisch aktiv, er arbeitet in den Redaktionen von Zeitschriften wie *L'étudiant noir, Légitime défence* mit und besucht vielleicht auch die Versammlungen bei Paulette Nardal, die sich für die „Verteidigung der antillischen und schwarzen Persönlichkeit" einsetzt. Er trifft Leopold Sedar Senghor aus dem Senegal und Léon Gontran Damas aus Guyana, mit ihnen begründet er später die Négritude. Aber vor allem, und man möchte sagen, ganz allein, jedenfalls in einer gewaltigen Anstrengung zur Erfassung der Welt, schreibt er *Zurück ins Land der Geburt*. Die Schrift kam einem kräftigen Fußtritt gegen sein fernes Land gleich, aber sie blieb damals weitgehend unbeachtet (es war im Jahr 1939, der Text wurde in der

* Ebd. S. 35.

französischen Provinz in einer Zeitschrift namens *Volonté* abgedruckt, die nur deswegen erwähnenswert ist). Wir stellen diese Dichtung ohne Zögern auf die gleiche Stufe wie die *Eloges/Preislieder* von Saint-John Perse, die ihr 1917 vorausgingen, und die *Feuillets d'Hypnos* von René Char*, die ihr im Jahr 1945, während der Résistance in Frankreich, folgten. Es ist eines der größten zeitgenössischen Gedichte und hat meines Erachtens eine über die eines politischen Gedichts weit hinausreichende Bedeutung – die einer politischen und kosmischen Dichtung.

Die Irrfahrt, die nicht in die Irre-Gehen bedeutet, und die Entdeckung der Welt werden also durch eine selbst gewählte Bewegung radikalisiert, nämlich das Eintauchen in das Geburtsland Martinique, was dem Text folgende Besonderheit verlieh: *Zurück ins Land der Geburt* bietet keine realistische Beschreibung, aber nichts könnte den Rhythmen, der Luftnot, den Impulsen dieser Realität-hier näher kommen. Obwohl dieser Text keineswegs triumphale Begeisterung ausdrückt, wird er zur Inspirationsquelle für die afrikanische Diaspora. Es spinnt sich in ihm eine tragische, unnachsichtige Poetik der Geographie und Geschichte eines Landes an, das sich selbst nicht kennt. Zum ersten Mal in unseren Literaturen entsteht damit ein Austausch, eine Beziehung dieses Landes zu den Zivilisationen Afrikas, zu den endlich erfahrenen Geschichten Haitis und der Vereinigten Staaten, zu den Völkern der Anden und Südamerikas und zu den Leiden, den Leidenschaften und dem Beben der Welt. So wird von Beginn an diese Beziehung zu Afrika nicht als unmittelbar politisch gesungen. Césaires Bezie-

* *Feuillets d'Hypnos / Hypnos: Aufzeichnungen aus dem Maquis (1943–1944).* Dt. von Paul Celan, Frankfurt (Fischer) 1990.

hung zu Afrika entspricht nicht dem Weg Frantz Fanons, dem er später begegnen wird, es geht bei ihm auch nicht, wie bei Marcus Garvey lange zuvor und bei den Schwarzen der USA, um einen Austausch der Bevölkerung, um die Rückkehr in einer anderen Form, die man als weitere Besetzung betrachten könnte (in Liberia und Sierra Leone): Es handelte sich um eine Poetik, die tiefer geht: Sie spricht über Afrikas Leiden an der Geschichte, über die Qual des Landes Martinique und über das geteilte Wissen von der Welt.

Die Eigenschaften dieses Werks sollten sich umso bedeutender erweisen, als dem Buch ein zweites Leben beschieden war, von 1940 bis 1943 und 1944, auf Martinique. Die Insel war damals von der Welt abgeschnitten und von der Marine des Admirals Robert, einem Vertreter des Vichy-Regimes, besetzt, dazu umzingelt von der US-amerikanischen Karibik- und Atlantikflotte.

Das Gedicht wurde angereichert mit den von Aimé Césaire damals veröffentlichten Widerstandstexten und denen seiner Freunde, unter ihnen seine Frau Suzanne und René Ménil, die in der Zeitschrift *Tropiques* veröffentlicht wurden. Dort kann man auch ein Manifest entdecken, das bis heute zu wenig Beachtung findet, und das nicht *Poésie et politique* betitelt ist, sondern *Poésie et connaissance:* Poesie und Erkenntnis. Diese Zeitschrift wird 1941 zufällig von André Breton in dem Schaufenster einer Buchhandlung oder eines Ladens entdeckt (wie oft wurde dieser kleine Satz schon wiederholt) und damit auch das Werk Aimé Césaires. Auf der Flucht vor der Besatzung Nazideutschlands in Frankreich war der französische Dichter gerade mit einer Gruppe von Künstlern unterwegs nach Amerika. Um diese Zeit schrieb Aimé Césaire einige seiner schönsten Gedichte

(*Le Grand Midi, Batouque*), die unter dem Titel *Les armes miraculeuses* zusammengefasst sind, in einem Band von tellurischer Kraft.

Césaire wird Mitglied der Kommunistischen Partei Frankreichs und geht 1945 als Abgeordneter für Martinique nach Paris. 1956 verlässt er die Partei wieder (mit einem *Brief an Maurice Thorez*). Später wurde er Bürgermeister und Abgeordneter von Fort-de-France, er hatte dieses Amt über fünfzig Jahre inne, und zwar für die Fortschrittspartei von Martinique, die er nach seinem Weggang aus der KP gründete. Keiner könnte sagen, vielleicht nicht einmal der Dichter selbst, ob seine politische Tätigkeit seinem poetischen Schaffen geschadet hat oder nicht. Die einfachste Meinung dazu, aber vielleicht ist sie allzu einfach, wäre, dass diese so unterschiedlichen Tätigkeiten sich gegenseitig unterstützten. Wir könnten dahinter aber auch Leiden und Opfer vermuten, die er tunlich verschwieg.

Césaires Verhältnis zu den Surrealisten, insbesondere seine Bekanntschaft mit André Breton und Paul Eluard, auf der anderen Seite seine enge Freundschaft mit Senghor und dem kubanischen Maler Wifredo Lam, verhelfen uns zu der Einsicht, dass zwischen den modernen westlichen Poeten, mit ihrem Widerstand, ihrer Revolutionierung der Sprache, und den Poetiken der Schwarzen offenbar ein geheimes Einverständnis besteht, beider Inspirationen (der kraftvolle Rhythmus, das Wunderbare, das Unmaß, der Humor, die urzeitliche Fusion und der kosmische Bezug des Sprechens, wie auch die poetischen Verfahren: Akkumulation, Assonanz, Vortex etc.) treffen hier aufeinander, ohne sich zu vermischen. Césaire ist Surrealist, weil er sich zutiefst auf seine Négritude einlässt, und nicht umgekehrt. Seine Négritude besteht zugleich in einer Erweckung des Gedächtnisses und dem frühen Aufruf zu einer Renaissance. Sie *geht* in gewisser Weise den Négritudes der afrikanischen Diaspora *voraus*, in dieser Hinsicht unterscheidet sie sich von Senghors Négritude, die von einer jahrtausendealten Gemeinschaft *ausgeht*, deren Weisheit sie zusammenfasst. Die Poetik von Aimé Césaire besteht in Vulkanen und Eruptionen, sie ist durchsetzt von den Verwirrungen des Bewusstseins, durch sie treiben vom Leiden der Schwarzen hergelenkte Ströme, sie hat mitunter überraschend die Zartheit von Quellwasser und immer wieder Schwälle von Freude und Übermut.

Französische Leser werfen ihm manchmal ein fehlendes Maß vor, wo es sich doch gerade um eine Dichtung handelt, die das Maß so sehr beachtet, aber Césaires ist ein Maß des Unmaßes, nämlich der Welt. Dieser Dichter ist einer, der die Schönheiten seines Erbes auf die Schönheiten seiner Zukunft in der Welt einstimmt. Doch ohne die Plantage (auf der er geboren ist) oder das Sklavenschiff zu vergessen. Wir können eine Differenz feststellen zu den Elegien Senghors, die sich als langsame Barke auf dem mächtigen Strom Afrikas geben, und ferner zu dem bitteren, blutig rauen Gesang von rostbefallenen Hafenkais im übelriechenden Dunst eines schwankenden Morgens, mit den gequälten Rhythmen eines Léon Gontran Damas.

Diese drei Sprechweisen bilden eine seltsame Dissymphonie, während sie den Ursprung in Afrika und die Diaspora feiern, es sind gemischte Stimmen, die sich nicht vermengen. Man meint, ihre Zeiten lägen weit auseinander, und doch hört man, dass diese so unterschiedlichen Poetiken gemeinsam hindurchgegangen sind durch die Diversitäten der Welt.

Indes war auch die Arbeit Césaires in seiner Reifezeit fruchtbar. In Gedichtbänden wie *Soleil cou coupé, Ferre-*

ments, Cadastres sind Geschichte und Geographie immer wieder eingefasst in das tragische Erzittern der Weite der Welt, bis zu dem letzten Band *Moi, laminaire**, zugleich lichtvoll und zerfasert, der aus der Tiefe seiner vielen Tätigkeiten und Verantwortlichkeiten schemenhaft die Skulptur einer grundsätzlichen, unersetzlichen Einsamkeit emporhebt.

Hinzu kommen weitere Essays, besonders einer zu Toussaint Louverture. Von ihnen ist *Über den Kolonialismus*** am bekanntesten geworden, dort setzt der Dichter seine ganze Bildung des ehemaligen Studenten einer Elitehochschule ein, er nutzt sie gründlich, um zahlreiche kaum versteckte rassistische Äußerungen und Absichten vom Grund der elitären okzidentalen Kultur an die Oberfläche zu holen. Er stöbert alles auf. Er schärft seine Waffen. Seine geschliffenen Sätze schneiden glatt. Mit einer Eloquenz, die in die zornige Rede mündet. Wenn sie es wollen, sind die Dichter die wahrhaftigsten und schärfsten Pamphletisten.

Aimé Césaire verfolgte ein Theaterprojekt, das mit einem unerbittlichen dramatischen Gedicht beginnt, *… und die Hunde schwiegen / … et les chiens se taisaient,* ganz an der Tragödie orientiert. Wir greifen zuerst *Une tempête* heraus, wo Césaire die Figur des Caliban, das (kannibalische?) Monster aus Shakespeares *Sturm,* auf uns bezieht. Caliban ist nichts anderes als der Bewohner einer karibischen Insel, welche der legitime Herzog von Mailand, im Vollbesitz

* Dt. *Ich, in Streifen*, die Gedichte erschienen auf Deutsch in dem Band *Gedichte*; Anm. B. T.

** Aimé Césaire: *Über den Kolonialismus*. Dt. von Monika Kind, Berlin (Wagenbach) 1968; Neu-Übers. von Heribert Becker, Berlin (Karin Kramer) 2010; kommentierte Neuaufl. der Becker-Version, Berlin (Alexanderverlag) 2017.

aller Weisheit und der magischen wie logischen Wissenschaften, mühelos erobert hat. Wie Césaire in diesem Stück die Legitimität jeder Kolonisation schon in ihren Ursprüngen, daneben aber auch jeden Versuch ihrer Rechtfertigung zurückweist, führt die anderen Stücke ein, *La tragédie du Roi Christophe* und *Une saison au Congo*, welche die grausamen Missstände untersuchen, die häufig auf die kolonialen Befreiungskämpfe folgen und manchmal in ihnen begründet sind. Es heißt, zum Abschluss des Zyklus habe der Dichter vorgehabt, eine Tragödie über die Situation der Schwarzen in den USA zu schreiben, also über einen anderen Aspekt des Kolonialismus mit seinen ungezählten Variationen und unabsehbaren Folgen. Wenn die Tragödie die Auflösung einer Unordnung ist, berechtigt dies wohl zu der Ansicht, dass die Tragödien der antikolonialistischen Dichter oder einfacher gesagt, der Dichter aus dem Süden, Versuche sind, die Unordnung aufzulösen, welche der Akt der Kolonisation und seine Folgen darstellen. Die dramatische Rede unterstützt dann die andere, plötzlich aufkommende Aktion, die sich direkt gegen das Handeln des Kolonisators wendet.

Das Monster Caliban ist ein Bewusstsein.

Es kommt auch vor, dass die Lösung der Unordnung tragisch fehlschlägt (zur wahren Tragödie umschlägt), wofür die leidvolle Realität mancher Länder in ihrer jüngeren Geschichte zahlreiche erschreckende Beispiele liefert: Der ehemals Kolonisierte übernimmt die Verhaltensweisen, die Strategien, die Ungerechtigkeiten und Schandtaten vom ehemaligen Kolonialherrn, er ist meist durch dessen Schule gegangen, überwältigt von der Liebe zur Macht wendet er sie gegen das eigene Volk, wie in Haiti und Zaire: Die Tragödie legt davon unnachsichtig Rechenschaft ab.

Dann steht der Dichter hoch aufgerichtet auf dem Kampfplatz. Wir erinnern uns an Aimé Césaires Präsenz und an seine Redebeiträge beim Kongress der Schwarzen Schriftsteller und Künstler in der Sorbonne 1956 und in Rom 1959. Es war die Zeit der schwierigen Befreiungskämpfe in Afrika und es galt vor allem, diese Befreiung zu unterstützen. Aber es ging auch schon damals darum, die Offenheit Afrikas so weit wie möglich zu bewahren, etwa das Sprechen der Poesie, die Leidenschaft des Austauschs, die Freude daran, zusammen auf der Welt zu sein, was *Présence Africaine* sich vorgenommen hatte und worin Aimé Césaire die Zeitschrift nach wie vor mit aller Kraft unterstützte.

„Wenn ein Dichter stirbt, bleiben seine schönsten Bilder, seine bedeutendsten Werke wie auch seine alltäglichsten Worte im selben Moment in den unsichtbaren Ritzen des Unwahrscheinlichen bewahrt, in den geheimen Fugen der Zeit, wo die Wagemutigen sie aufsuchen."

Der Tod eines Dichters hat etwas von einem Unheil, das sehr viel schlimmere oder schrecklichere Unglücke nicht aufweisen. Der Grund ist, dass der Große Dichter von hier, aus unserer Mitte, in eine für uns endgültige Einsamkeit geht. Wenn er scheidet, wissen wir, dass selbst wenn wir ihn noch in diesem Moment in die unendlichen Schatten folgten, ihn doch nie mehr sehen oder berühren können.

KEHREN

XXIV

Vom alten Hügel von Bezaudin, das heißt, wie ich ihn kannte und mit mir nahm (die gelbe Spur im Lehm, gestreift von Bambusrohren entlang des steilen Aufstiegs wie ein Spalier, das rieselnde Geräusch des Bachs, das neben dir bleibt in kleinen Tritten, die von Becken mit wilden Geranien gerahmte Veranda), ist immer noch ein Wirbel stiller Schatten, die sich in die Glanzsplitter der herabbrennenden Sonne streuen, und die gleichsam das alte Raunen des Bachs, das hier emporstieg, erstickt haben. Aber die Niedergeschlagenheit, eine Einsamkeit, die nichts von außen angreifen kann, schwebt immer noch hier. Wer ist dieser riesenhafte Baum mit den kleinen durchscheinenden Früchten, an dem wir nicht verweilten? Die Poetiken führen dazu, dass man sehr genau benennt, aber auch eine Leidenschaft für unerfindliche Namen hegt oder ein unstillbares Verlangen nach einem Namen erlebt. Der Dichter müht sich zwischen diesen Anforderungen. Er ist weder Echsen- noch Vogelkundler, in den wissenschaftlichen Bezeichnungen für Dinge und Lebewesen klingen für ihn geheime Qualitäten an. Er ist auch kein Genealoge, er kann die unergründliche Flüchtigkeit der Abstammungslinien nicht beeinflussen. Jetzt, auf halber Höhe, zwingt uns der Wirbel der Schatten in Kehren hin und her zu steigen, die gelbe Erde ist in ständiger Bewegung, wir wissen nicht, wo wir sind. So können Sie sich auf der Fläche einer Briefmarke verirren (wie etwa William Faulkner in seinem Yoknapatawpha County), doch nur, wenn Sie Ihren Ort sehr genau kennen. In diesem Moment vernehmen wir Poltergeräusche im Untergrund, bei solchen Gelegenheiten haben die Einwohner den Spruch: „Die große Schüssel will mal wieder runterkommen“, gemeint ist der Vulkan, für sie nichts als ein mächtiger Berg, der sich ausschüttet, und über dessen finalen Ausbruch im Jahr 1902 sie bemerkten: „An unserem Leib hat er nur die ganze linke Seite versengt.“ (Die Feuerwolke, die weit drüben auf Saint Pierre hinunterraste, die Geschichte ist bekannt, hatte sie nur auf dieser Seite erfasst, während sie zum Meer hinunterflüchteten.) Ihre Manie mit diesen Poltergeräuschen währt bis heute, etwa wenn der Motor eines Lkw aufheult, fern ein Donner grollt, ist das für sie noch und immer wieder das Innere, das zum Krater des Berges aufsteigt. So sehr hatte Pelée sich das zur Gewohnheit gemacht, dass sie zum Beispiel gegen Ende der 1920er Jahre beinah erneut ihr inneres Blutbad über die Welt gebracht hätte. Jedenfalls hatte sie dermaßen Wut abgelassen, dass daraus die kleine Legende entstand, ich sei während eines dieser Anfälle geboren worden. Meine Mutter habe die Erregung über die baldige Eruption derart verängstigt, dass sie wohl unter den Schmerzen der Niederkunft bedeutend weniger zu leiden hatte. Für ein Kind kann der Gedanke, es sei im Getöse eines vulkanischen Ausbruchs auf die Welt gekommen, womöglich einer heiligen, wenn auch vorübergehenden Eruption, sehr zur Eitelkeit beitragen. Umso mehr, wenn es einmal Dichter werden will, denn es wird in Verbindung mit heimlichen Kräften gebracht, die seine Vorstellungskraft doch weit übersteigen. In diesen verborgenen Kräften, mit denen der Vulkan die Leute in seiner Umgebung, noch mindestens dreißig Jahre nach seiner Apokalypse von 1902, immerzu ansprach, und in jenen Kräften, die das Geburtshaus in einer pflanzlichen Eruption aus dem Untergrund haben verschwinden lassen, drücken sich die Wege der Weltbeziehung aus. Ich bin ihren Wegen durch die Mangrove des Lamentin gefolgt, in der Mitte der Insel, gemeinsam mit meinem Freund Apocal, der über diesen Ort alles wusste. Dort sind heilige Quellen, die manchmal heiß fließen, dann wieder entspringt aus ihnen das eiskalte Wasser eines heimlichen Grundwasserspiegels, der anscheinend und wunderbarerweise das Gift der Bananenbäume nicht aufgenommen hat, und diese Quellen werden ebenfalls vom Vulkan dort oben gespeist. Von Pelée stammen auch die schwarzen Sande, die regelmäßig den glitzernden Sandstrand vom Diamant im Süden bedecken, so dass er eine Zeit lang aussieht wie die Strände von Carbet, direkt am Fuß des Vulkans. Das Land lebt, untergründig und doch am hellen Mittag, in einem Rhythmus, den man erst erkennen muss. In ähnlicher Weise wirkten die kaum wahrnehmbaren mythischen Kräfte des Gedichts, das zu einer Zeit, als das Sprechen im Gebrodel des ersten Magmas gefangen war, aus sich heraus entstanden ist. Seine Kräfte lösten das planlose Emporquellen der Gedichte auf der Welt aus. Sie erschienen danach immer wieder, als Bestätigung dieser Legende. Übrigens suchen wir noch immer nach dem *Haus der Quelle*, wo die Lézarde, so wird geschworen, entspringt. Wir ahnen, dass die Laven den Karibikbogen entlang unter dem Meeresboden von einem Vulkan zum nächsten fließen, ohne dass je einer wissen wird, in welchem Moment und wo sie ausbrechen werden, um vielleicht das ganze Archipel mitzureißen. Auch bei mir wechselte ständig ein Gefühl von Unsicherheit und Leichtigkeit ab, nachdem ich zufällig auf einem alten vergilbten, mit einer zarten Spitze von Rost verzierten Papier entdeckt hatte, wie die Vornamen meiner Mutter vollständig lauteten: Adrienne, Marie, Euphémie. Für einen Jungen, der vielleicht Schriftsteller wird, egal was er vom Stolz auf die Abstammung hält (heute ist die ganze Welt, die All-Welt, wunderschön illegitim), war es Anlass genug, an die unterirdische Logik der Weltbeziehung zu glauben und anzunehmen, dass dieser seltene und schöne Namen Euphémie – der wohl dem Namenskalender, dem Einfall eines Verwandten oder aber dem Sarkasmus eines Standesbeamten zu verdanken war – für einen Dichter so etwas wie die Mahnung enthielt, das Ungestüm seiner ersten Schreibbegeisterung ein wenig dämpfen zu sollen.

Darin zeigte sich meine höchst ungewöhnliche Anhänglichkeit an eine Mutter, die meine, der die Sorgen der Literatur denkbar fern lagen, und die dennoch eine verborgene Intuition dafür besaß, was ich aus ein paar wenigen doch sehr treffenden Bemerkungen schloss, die sie zu mir darüber machte, ohne dass sie je einen Text lesen oder bewerten konnte. Dieser Eindruck wurde noch vertieft, als meine Mutter es kurz vor ihrem Tod entschieden ablehnte, in einem Grabmal auf dem Friedhof von Lamentin zu liegen, der in die Mangrove übergeht. Madame Adrienne wollte in einer Holzkiste direkt in der Erde begraben werden, mit einer ebenso schlichten wie unpassenden Zeremonie, umgeben vom Schall lauter religiöser Gesänge der Mitglieder ihrer Glaubensgemeinschaft. Kein Grabmal zu wollen, ist in einem Land wie Martinique ungehörig, dort sind die Grabmäler die Häuser der Toten, ohne sie fehlt ihnen der nötige Anstand. Die bedeutenderen Familien nehmen diese Zeichen ihrer gehobenen Stellung sehr wichtig und die Gruben bleiben den Allerärmsten vorbehalten. Die Friedhöfe in den Ländern und Städten der Kreolisierung und meist auch der schweren Zyklone, Guadeloupe, Haiti, Martinique, New Orleans, Cartagena de las Indias, sind selbst kleine Städte, die wie weiße Strände strahlen, und ihre Avenuen verweisen eher auf stark beleuchtete Diesseitigkeit als auf die leblosen Gefilde des Jenseits. Heute begreife ich, dass meine Mutter, deren Spur ich zwischen diesen Monumenten kaum mit Gewissheit wiederfinden könnte, eigentlich den gesamten Friedhof von Lamentin erfüllt, wo ich einst am märchenhaften Allerheiligenfest den ganzen Tag und Abend zwischen Tausenden brennenden Kerzen spielte. Diese Präsenz würde selbst von einem barocken oder protzigen, dünkelhaften oder naiven Grabmal nicht beeinträchtigt, mit seiner unbeholfenen Inbrunst und seinem schütteren Gras.

Lassen Sie die von einer nächtlichen Sonne verbrannten Träumereien eines Kindes vom Rand der Welt einmal beiseite, das mit seinen Freunden dennoch ein Anderswo, die Länder in der Ferne, erahnte, und das seine völlig unsicheren Empfindungen mit den Energien vermischte, die es aus seiner Umgebung bezog (der Ärmlichkeit seines Geburtsorts, der später auch noch versinken sollte). Überlegen Sie vielmehr, ob dies nicht auch Ergebnis einer Analyse mit streng vorgezeichneten Wegen sein könnte: Die Leidenschaft für die (Fatalität der) verborgenen Kräfte, die Notwendigkeit einer Ursprungslegende (nicht über die Entstehung der Menschheit, sondern über eine erste Kristallisation des Sprechens), der Traum von der real vorhandenen Quelle des Flusses als Haus, als intime Geborgenheit, am Ende ganz banal das unvorhergesehene Verschwinden eben dieser Hütte der Geburt. Hinzu kommt, wenn man dem Gerücht Glauben schenkt, die Geburt selbst als große Eruption, die Namens- (wenn schon nicht die eines verbrieften Familiennamens), so doch immerhin die Sprach-Beziehung zu einer des Lesens unkundigen Mutter, das Verschwinden (oder der Verdacht eines Schwindens) des Todes, die verlorene Spur ihrer Überreste, die strahlenden Friedhöfe, das kosmische Altern und so viele andere Charakterzüge, worauf Sie mir sofort versichern werden, sie gingen eindeutig auf eine fundierte Psychoanalyse zurück. Hätte diese etwa die Poetik links liegen oder ganz außer Acht gelassen? Hätten sich ihr dunkles Begehren oder ihre taghelle Lust ganz im Geiste vollzogen? Ich möchte mit einer in Ihren Augen womöglich krankhaften Unruhe versichern, dass es sich da (hier) um Teile einer abdriftigen Poetik handelt, die zunächst die Idee, die Darstellung oder das Imaginäre, das heißt, die Geschichte dieser Orte zufällig versammelt hat, den Morne von Bezaudin, die Mangrove von Lamentin, den Felsen vom Diamant (und *das, was noch darunter liegt*, es ist keine Untersuchung, sondern eine helle Freude, ein Atemholen), zusammen mit den notwendig unvorhersehbaren Diversitäten der Welt und den Aromen des Landes, um so das Verhältnis zwischen diesem Land und der Welt zu ermitteln. Jeder kann, individuell oder kollektiv, nach seiner Manier über dieses Verhältnis reflektieren, das in nichts demjenigen gleicht, das angeblich zwischen dem Partikularen und dem Universellen besteht. Denn in diesem Fall erschiene der Ort von vornherein geteilt und auch die All-Welt wäre dann winzig klein (nämlich intim). Sie wühlen immer in derselben Erde oder Sie nähern ein Meer seiner Umgebung an, oder aber Sie lassen Ihre Schicksale umherspringen, Sie bekämpfen hier wie überall die bekannten Todesarten, setzen Grenzen zwischen Berge und Schluchten, um von einem zum anderen zu gehen und von allen zu allen. Plötzlich wird klar: Was von dem Wesen des Heiligen ablenkt, von der Lektüre des urzeitlichen Gedichts, ist nicht die Banalisierung durch unaufhaltsame Technisierung oder verordneten Laizismus in unseren Wissenschaften und unserem Verhalten, sondern ganz einfach: dass die Poetik der Weltbeziehung dieses Gedicht in die Weite vor uns projiziert hat, dessen Entstehung wir doch in den urzeitlichen Laven vermuteten. Das Gedicht nähert sich eben nicht einer Essenz an, es errichtet ein anderes Heiliges in der Weltbeziehung, nicht von diesem zu jenem, sondern von allen zu allen. Wir müssten ihm nur noch in dem Unmaß der Welt zum Leben verhelfen. Denn wir bewegen uns in einer anderen Dunkelheit als während der ersten Zeiten der Erde, und wir beschreiben sie in anderer Weise. Es ist die Dunkelheit der vermischten Zeiten, unsere Worte eilen von überall herzu, verlöschen dann gemeinsam, gehen wieder ins Chaos zurück. Die Philosophie der Weltbeziehung ist die unsichere Anstrengung, der andere Ort, an dem wir die vielfältigen Leitlinien entdecken, nach denen wir unsere rhizomatischen Beziehungen herstellen können. Doch vermengt die Weltbeziehung diese Leitlinien nie miteinander, und ihre Unterschiedlichkeiten, die in der Opazität sich schon zueinander verhalten, sind nie absolut entgegengesetzt. Die Dunkelheit ist nicht unaufhebbar, auch wenn sie sich zwischen Eruption und verborgenen Kräften bewegt. Wir sehen in der Imagination den Horizont, wir gehen voran, er entzieht sich und schwindet immer wieder, denn die einzige Art, wie wir ihn wirklich erfassen können, ist im Imaginären. Dieses lässt die Horizonte der Inseln oder Städte erstehen, und damit eine archipelische Realität. Dies geschieht außerdem (fortan) für jeden Horizont, der sich erhebt, wo immer auf der Welt er sei, oder von welcher Landschaft er ausgeht, oder in welchem Land auch immer er entsteht. Denn die Abstammungslinie, schon zweifelhaft genug für die Menschheit, wenn sie zur Legitimation herangezogen wird, gilt für diese Horizonte, Landschaften und Länder nur so: Sie vererben nicht, sie *folgen weiter*. Sie haben so viele unentwirrbare Windungen wie die vielen Flüsse Lézarde in unserer Nähe, deren Krümmungen so zahlreich und ununterscheidbar sind. Zugleich aber ragen sie hoch, aufrecht und allein wie der einsame Fuji.

DUNKEL UND WEITE

Rezitation für Mahmud Darwisch

Der Dichter steigt einen steingeäderten Weg an
der Seite hinauf
Unter einem Sturzbach, in dem unsterbliche
Lehme fließen
Er stimmt den genauen Namen an, die Regel ist
kurz, mit der ganzen Breite des Mondes
Er schreibt die Blume mit Namen, die wuchs im
Feuer der Verbrechen (toter Verbrechen), er
driftet
Seine Füße zeichnen unter der Erde, seine Augen
tanzen fern
auf den Sanden, seine Hand trifft in den Wolken
den wahren Ort
Bei den alten zitternden Seen verlässt ihn der
Atem
Er geht in das Gestirn ein, es adelt den Namen
Der Dichter hält ihn dort dunkel unbenannt
Für immer aus mächtigem Granit.

IM ACOMA

Dieses Mal wandern wir die Kämme entlang vom Prêcheur nach Grand'Rivière, mitunter sind sie von Acajounüssen übersät, man geht vorsichtig, um nicht auszurutschen, aber der Schatten der Baumriesen, Ebenholzbäume, vielleicht Mahagonis (Oh, Mahagonny) ist so tief und leicht, dass es einem vorkommt, als segelte man ganz im Pflanzenkleid des Acoma. Die Vielfältigkeit verändert sich auch nicht durch das unterschiedliche Licht, und die Schatten oben in den Kronen sind ebenso ausgedehnt wie in der Tiefe. Die Hitze glitzert momentan schwarz.

Das nennen wir ebenfalls Diversität, wenn wir unsere Gedanken feierlich vertiefen und verlängern wollen, die sonst überall umherschweifen. Zumeist hat das für uns keine große Bedeutung und wenn wir sagen, etwas sei unterschiedlich, dann weil wir wissen, dass man in den Orangen- und Mandarinenpflanzungen an den Hängen, zwischen den randvollen Wasserrinnen, unerwartete Bitterkeit und viel beharrliche Süße ernten kann. Fürchten Sie nicht die Bitterkeit und verachten Sie nicht die Süße. Die Aromen streunen umher oder rennen zu Tal, jede Natur kommt und geht wie sie will. Das Gute spielt im nüchternen zeitgenössischen Theater (Rosen aus Porzellan, die an drei Wasserfällen wuchsen) ohne Ausschmückung, wenn das Stück zu Ende ist und Sie müde sind, so zu gehen, kehren Sie einfach um. Was wir das Gute nennen, hält uns davon ab, uns in der Vielfältigkeit zu verlieren, die weder die Arroganz der glatten Akkumulationen noch das Hochfahrende des Aufruhrs hat. Die Vielfältigkeit leitet das Diverse mit derselben heimlichen Geduld, die trotz der groben Nähte die Herstellung traumhaft fein gearbeiteter Quilts ermöglicht. Und wenn wir uns in der Diversität verlieren, indem wir meinen, jedes Detail für ein ganzes Universum nehmen zu müssen, so irren wir immerhin von unserem Ort zu jedem anderen. Das heißt imaginieren.

Eingeweihte Geister behaupten daher, die Vielfalt, die diese Kämme und Täler durchstreift, ahnt, zeichnet und sammelt die Imaginären unserer Welt, um sie aufeinander abzustimmen. Es sind ununterscheidbare und schwierig auszudrückende Poetiken, doch ihre Umrisse sind immerhin miteinander in Berührung: Das Sehen und das (optische) Erahnen dessen, was wir für die Wirklichkeit halten, ist genau wie bei unseren Träumereien. Das auf die Erde in der Tiefe geheftete Auge, das auf ihre variierten Formen achtet: So geht jede Wissenschaft vor.

Wir ahnen das Filamentwerk voraus, das die glühende Weberin, das Licht, vor uns hinstreut, das heißt, man sucht die Spur schon mit der Idee, dass man sie in Schönheit verlieren wird. Wir folgen wieder einem Weg über die Kämme, diesmal zwischen dem Vauclin und La Trinité, so nah oder fern von dem Mont Pelé, oder zwischen Barranquilla und Cartagena, an der kolumbianischen Karibikküste, oder auch zwischen Eget und dem Pass hinüber nach Spanien, wo Geneviève Gallego ihre Skulpturen schafft, oder auch auf den Höhen von Cinque Terre in Italien bei Piva, die mit ihrem Fischfang eine eigene Trattoria betreibt, oder aber in den Wolken der Insel während eines Regens, wenn das Haus mit einmal zum Kap wird. Wir lieben es, in dieser Weise etwas im nahen Umkreis zu bezeichnen, wenn wir nicht genau wissen, wie es sich verhält, und es doch wissen. Wir folgen der prophetischen Unordnung, dem Aufbegehren, wie der Mann aus den Südstaaten, der es ausgedrückt hat, ohne es auszudrücken und es doch ausdrückte. Gemeint ist William Faulkner. Was sehen Sie in diesen Weltzuständen? Was ist gemeinsam und geteilt? Das, was die Herrin dieses Orts hier oben mit so viel Leichtigkeit gelehrt hat. Die dichte Körnung vom Kleid der Erde und der von Blaugold pralle Raum, den das von einem hellen Lehm aufsteigende Licht entstehen lässt.

Inhalt

KLÜFTE

IRRLEINEN

KEHREN

DUNKEL UND WEITE

Édouard Glissant wurde 1928 auf der karibischen Insel Martinique geboren. Mit einem Stipendium der französischen Regierung kam er 1946 nach Paris, um dort Geschichte, Literatur, Ethnologie und Philosophie zu studieren. Bald schon schloss er sich künstlerisch-literarischen Zirkeln an und engagierte sich in antikolonialistischen Bewegungen. Mit seinen zahlreichen Romanen, Essay- und Lyrikbänden avancierte Glissant zum sprachgewaltigen Chronisten der antillischen Geschichte und zum scharfsichtigen Ethnologen der postkolonialen Welt. Er war intellektueller Vordenker einer Poetik und Philosophie der Weltbeziehung und der Vielheit.

Beate Thill, geboren 1952 in Baden-Baden, studierte Anglistik und Geographie. Seit 1983 arbeitet sie als literarische Übersetzerin der Sprachen Englisch und Französisch, mit dem Schwerpunkt Literatur aus „dem Süden"; v. a. aus Afrika und der Karibik. Sie hat neben Édouard Glissant u. a. den kanadischen Autor Dany Laferrière, den kongolesischen Lyriker Tchicaya U Tam'si, den karibischen Autor Patrick Chamoiseau, den Tunesier Abdelwahab Meddeb und die Algerierin Assia Djebar ins Deutsche übersetzt.

www.wunderhorn.de